JN043926

包丁もまな板も
いらない

10分弁当

Akarispmt's Kitchen

(´・ω・`)ノ

KADOKAWA

はじめまして！（ ‘・ω・）ノ
Akarispmt's Kitchenです。

私は、薬局にて薬剤師として働きながら、普段自分のために作っているお弁当を
YouTubeで配信しています。私のお弁当のモットーは、

「10分で作れて、包丁もまな板も使わない」と

いうこと。

狭いキッチンで悩んでいる20代の視聴者さんからメッセージをいただいたのが
きっかけ。「私のキッチンは1口コンロに、まな板が置けないくらいのスペース。
トースターとレンジはあります。時間がないので15分くらいでごはんを作りた
い」、そんなお悩みでした。

それまでの私は、包丁とまな板を使うのは当たり前。コンロも2つも3つも稼働
させて、料理教室で習った、いわゆる正しいやり方で調理していました。

「でも確かに、若い頃は、家は狭いし、仕事にも慣れていなくて忙しい。自宅で
の料理に時間が割けないというのは本音かも。私自身もそうだった…」とハッと
したのです。

そこで、狭いキッチンでも、時間が限られていても、スキルがなくても、誰もが
簡単にできる、より簡潔な料理法について考えるようになりました。

この本では、そんな風に積み重ねてきた

1 10分で作るためのしくみ
2 簡単なお弁当でもバランスよく
　 おいしくするコツ
3 おかず3品が10分でできる
　 お弁当の基本パターン

をわかりやすくご紹介します。

食材別に味の異なるおかずのバリエーションも全120レシピを掲載しているの
で、お弁当のレパートリーが広がるはず。皆さんのお弁当作りにぜひ役立ててい
ただけると幸いです。

Akarispmt's Kitchen
「10分弁当」のしくみ

栄養バランスの整った食材を使い、味付けのバリエーションもある、
3つのおかずが入ったお弁当、を手早く作るポイントは7つ。
Akarispmt's Kitchen弁当の基本の法則をご紹介します。

しくみノ 1
フライパン、レンジ、トースターを使い、同時に調理する

10分でお弁当を作る最大のポイントは、**3つのおかずを、フライパン、電子レンジ、トースターを同時並行で使って作ること**。サブのおかずをトースターに入れたら、メインのおかずをフライパンで焼き、その間にサブのおかずのもう1つをレンジに入れてと、それぞれの加熱を同時に行うことで時短する方法です。これなら、3つのおかずを別々に作った

場合に10分＋7分＋5分かかるお弁当も、**3品同時なら10分に収めることもできるのです。**コツは、なるべく**加熱を同時に行うことと、加熱時間の長いおかずの調理から始めること**です。使うフライパンは1つ、1口コンロでOK。フライパンとレンジだけや、3つのおかずを1つのフライパンで作るお弁当なども紹介します。

| フライパン | レンジ | トースター |

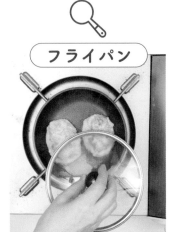

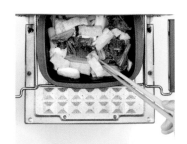

メインのおかずはフライパンで調理。火加減の調整をしながらスピードをコントロールします。材料がすべて入るまでは弱火、入れ終わったら火を強める。弱火の時に他のおかずの調理を行うとうまくいきます。

短時間で加熱が完了するので、フライパンやトースター加熱の合間に、**野菜や卵を使ったサブのおかずをレンジで作ります。**私がよく味出しに活用している乾物もレンジなら3分程度で戻します。

トースターは最も加熱時間がかかるので、最初に調理を開始します。香ばしく焼き上げることができるので、**サブの野菜や加工食品のおかずのひとつをトースターで作る**ようにしています。

しくみノ2 包丁、まな板を使わず、キッチンバサミ、ピーラーを使う

Akarispmt's Kitchenのお弁当作りでは、包丁もまな板も使いません。かわりに、**肉や切り身魚、野菜をカットするときは、基本的にキッチンバサミを使います。玉ねぎやにんじんなどの根菜類や、ごぼうやきゅうりなど**の長い野菜はピーラーでスライスします。いずれも、ボウルの上で、フライパンの上で、トースター皿の上で、カットしながら直入れするので、**狭いキッチンでも場所を取らず、その分すばやく作れます。**（食材別切り方はP8）

切り身魚や肉はキッチンバサミでカット。

野菜もハサミを使えば一口大に切りやすい。

厚みのある根菜類はピーラーでスライス。

歯が外せるハサミを使って肉の下処理も可能。

洗いやすく、置いた時に歯がつかないのも◎。

しくみノ3 調理器具は、コンパクトで動線を減らせるものを厳選

調理器具は、**場所を取らない小ぶりなもの、1つで何通りにも使えるものを**選んでいます。たとえば、フライパンは14cmのミニサイズ。炒めたりすくったりもできる木さじ。計量器は大さじも小さじも計量できるもの。お気に入りのザルボウルは、水切りはもちろん、調理ボウルとしても、そのまま電子レンジで加熱もOK。**そしてスタメン調理器具たちは常に手に取りやすい定位置に置いて、きびきび動けるようにし**ています。（愛用道具はP46）

直径14cmのフライパンと、フライ返しとしても使えるおたまとしても使える木さじ。

レンジでも使えるザルボウルは、材料を洗う⇒調味⇒レンチンが1つでOK。

4種の計量が1つでできる計量器。置いても液だれしないのもうれしい。

手に取りやすい定位置に、ツール置き場を決めることで、動線がスムーズに。

しくみノ 4 野菜は冷凍を使い、その分種類を増やす

野菜は冷凍食品を活用しています。最近は様々な種類の冷凍野菜が手に入るようになりました。私の定番は、ブロッコリーやほうれん草、かぼちゃ、枝豆、コーン、ごぼうなど。お弁当には少量しか使わないので、ほうれん草が何束も残ったり、使いかけのコーン缶が行き場をなくしたり…なんてこともなし。**少量ずつ使えて保存しやすく、簡単に野菜の種類を増やすことができます。** 私はお弁当でなるべく多くの野菜を使うようにしていて、もちろん、あらかじめ自分で切ったりゆでたりした野菜を作り置きしておいてもいいと思いますが、他のことに時間を使いたいと思うようになりやめました。

しくみノ 5 調味料はチューブタイプを使う

調味料は、フタをあけて計量器で量って入れてと、意外に時間を取られるものですよね。同時並行で調理をスムーズに行う10分弁当では、なるべくそんな手間や時間は省きたいもの。そこで活躍するのがチューブタイプの調味料。**片手で出してそのままボウルやフライパンに投入できるという手軽さ** がなんといっても便利。私の定番は、しょうが、にんにく、梅肉、豆板醤、柚子こしょう、マスタード。バターもマーガリン（部分水素添加油脂不使用）が入ったチューブタイプを使用しています。マーガリンが混ざっていることで、冷めても固まりにくいのでお弁当向きです。

しくみ 6 手軽に味の決め手になる乾物を積極的に活用する

長期保存できて、少量ずつ使える乾物は、お弁当おかずに大活躍。また、**だしを使わなくても手軽にうまみをプラス**してくれるから、味が決まりやすくおいしくなります。私が常備しているのは、切り干し大根、桜えび、赤しそふりかけ、すりごま、減塩タイプの塩昆布、干ししいたけ、ひじき、とろろ昆布など。特におすすめの**切り干し大根は、生の大根に比べカルシウムや鉄分などが豊富。天日干しした干ししいたけはビタミンDが豊富です。**また、お弁当のおかずは水分が多いと食材が傷んだり汁漏れなどの原因になりますが、そんな時も乾物を使うと便利。例えばすりごまを青菜に加えると**風味が良くなるだけでなく水分を吸収**。また切り干し大根や干ししいたけをあえて短時間で硬めに戻して、卵やほうれん草などにあえると、食べる頃には水分を吸収していい感じになってくれるので一石二鳥です。

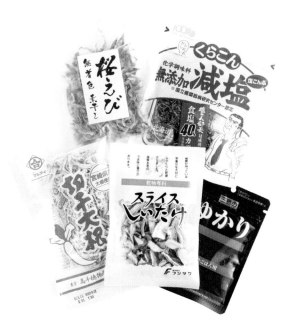

しくみ 7 粉物は振りかけやすい容器入りを選び、混ぜる時は袋を使う

肉や魚は、冷めてもおいしく食べられるように小麦粉や片栗粉をまぶしてから焼くことが多いのですが、その時に便利なのが、**片手でさっと振りかけられる容器入り**。袋タイプの場合は、スプーンを使う手間がかかりますが、容器タイプならそんな手間も必要なし。日清のさらさらタイプの小麦粉は使いやすくヘビロテしています。100均などでも、粉振り用のボトルが売られているのでそちらに粉を入れて使用しても。まぶす時は**肉や魚をポリ袋に入れて、その中に粉を振り、ポリ袋をシャカシャカと振れば、全体に行き渡りやすく、手も汚れない**のでおすすめです。

食材別 切り方一覧

この本のお弁当に登場する基本食材の切り方をご紹介します。包丁やまな板を使わないかわりに、ボウルの上で、キッチンバサミやピーラー、スライサーを使って切ったり、手で裂いたり、ちぎったりでOK。

肉・魚（切り身）

ハサミ

たとえば鶏もも肉は、キッチンバサミで6〜7等分に、サケの切り身はハサミで3等分に切ります。鶏肉は厚みがあると火が通りにくいので厚みが均一になるようにします。

鶏ささみ

ハサミ
フォーク

フォークを使って筋を取り除き、ハサミで観音開きのように切ります。ハサミの刃を外し、刃の反対側で叩きながら薄くのばし、巻いたり、衣をつけて揚げたりします。

小松菜

ハサミ

ハサミで根元1cmくらいを切り落とし、根元をよく洗い、葉や茎を3cm幅に切ります。レンジにかけるときは小さいボウルですむように半分にカットして入れます。

キャベツ

手でちぎる **ハサミ**

葉の部分は手で3cm程度にちぎり、硬い芯の部分はハサミで斜めにカットします。電子レンジで加熱してから、水けを絞って調味料を加えると、お弁当にぴったりの副菜に。

ピーマン **手でちぎる** **ハサミ**

ヘタの部分を親指で押して、真ん中で裂いてヘタと種を取り、手で一口サイズにちぎります。キッチンバサミで切り裂いてから、細切りにすることもできます。

パプリカ **ハサミ**

キッチンバサミで1カ所を突き刺して切り開き、ひと口サイズにカットします。切り開いてから手でちぎることも。ピーマンに比べて肉厚なのでハサミを使うことが多いです。

アスパラガス

ハサミ

キッチンバサミを分解して、刃の部分で茎の硬い部分をそいでから、1cm幅の斜め薄切りにします。斜めにカットすると加熱しやすく味がからみやすくなりおすすめです。

きのこ類

ハサミ　**手で裂く**

石づき部分をハサミで切り落とし、できるだけ手を使って裂きます。しいたけは、カサと軸を手で外し、軸は手で裂いて、かさの部分はハサミで5mm幅にカットして使います。

なす

ハサミ　**手で裂く**

ハサミの刃を少し入れて、半分に折ったり、手で裂くようにして、大きめのブロックに切り分けます。さらに小さくしたいときは、そのブロックをハサミで乱切りにします。

オクラ

ハサミ

ハサミでガクを切り取り、1cm幅に切ります。切る前に、少量の塩をまぶして両手のひらでこすりあわせてから電子レンジで加熱することで、産毛の処理をしておきます。

玉ねぎ・にんじん

ピーラー　**スライサー**

厚みのある根菜類は、ピーラーでスライスします。小さくなってきたら、スライサーを使ってスライスします。調理によってはすりおろして使うこともあります。

長ねぎ

ハサミ　**スライサー**

基本は、キッチンバサミで斜め薄切りやぶつ切り、スライサーで薄切りにして使います。みじん切りは、ハサミで縦に十字に切ってから、横に5mm幅に切ると簡単です。

きゅうり・ごぼう

ピーラー　**スライサー**

きゅうりやセロリなどの細長い野菜は、ピーラーでスライスしたり、スライサーを使って輪切りにします。ごぼうは通常は冷凍を使いますが、生を使う場合は同様にピーラーを使います。

じゃがいも

ピーラー　**ハサミ**　**フォーク**

じゃがいもは直径6cmくらいまでの小ぶりのものを使用。芽があればピーラーで取り、皮ごとキッチンペーパーで包んで水でしめらせ、レンジで約2分加熱してから、ハサミで切ったり、フォークで潰したりします。

目次

Part 1
パターン別 おかず3品で 10分弁当

Part 2
材料別メインの おかずバリエ

Part 3
材料別サブの
おかずバリエ

調理の前提条件

〈調理時間について〉
・できたおかずを冷ます、お弁当箱に詰める時間は含んでいません。
・ごはんは作り置きしています。

〈計量について〉
・小さじ1は5mℓ、大さじ1は15mℓ、1カップは200mℓです。

〈材料について〉
・しょうゆは濃口しょうゆ、みりんは本みりん（アルコール度数約14％のもの）、酒はワンカップなどの日本酒（料理酒でも可）、みそは米みそ、めんつゆは2倍濃縮、バターはマーガリンが混ざっている有塩のチューブタイプ、にんにく・しょうがはチューブタイプ（すりおろしでも可）、塩昆布は減塩タイプ、レモン汁は濃縮還元レモン汁、ハーブソルトは「マジックソルト」（エスビー食品）を使用しています。
・野菜類、きのこ類、豆類、果物は、特に記載がない場合、洗う、皮をむくなどの作業、魚の切り身の骨抜き、鶏もも肉の余分な脂を取り除く工程はすませてからの手順です。
・すべてのお弁当にミニトマトを入れています。（分量外）

〈加熱時間・調理器具について〉
・加熱調理はガスコンロを使用しています。特に記載のない場合は中火です。IH調理器などの場合は調理器具の表示を参考にしてください。
・電子レンジは500W、オーブントースターは1000Wの場合の目安です。W数が異なる場合は加熱時間を調整してください。
・電子レンジ、トースターは、付属の説明書に従って、耐熱の器やボウルなどを使用してください。電子レンジで加熱する際は、特に記載がない場合、ラップをふんわりとかけています。
・ポリ袋は厚さ0.08mm以上を使用しています。

Part 1

パターン別

おかず
3品で

10分弁当

フライパン、レンジ、トースターを使って、
おかず3品を同時並行で作る8つのお弁当レシピをご紹介します。
どれも包丁、まな板を使わず簡単にできますよ！

Type
1

🔍 フライパン
＋
📺 レンジ
＋
📺 トースター
で作る

Type
2

🔍 フライパン
＋
📺 レンジ
で作る

Type
3

📺 レンジ
＋
📺 トースター
で作る

(･∀･)ﾉ

10 minutes bento

1

肉や魚の生鮮食品を使わず、厚揚げ、はんぺん、カニカマの加工食品を使って作るお弁当。
加工食品は保存もきき、味付けの手間がかからず、しっかりたんぱく質もとれ、
生焼けの心配も少ないのでお弁当におすすめです。

メイン
ふんわり生地に枝豆とチーズが
隠れた楽しい一品

はんぺん豆腐
ハンバーグ

材料（1人分）

A 厚揚げ…½枚（約45g）（ハサミで皮を切り中身を使う）
　はんぺん…¼枚（約15g）
　冷凍枝豆…5さや（流水で洗う）
　ベビーチーズ…½個
　溶き卵…小さじ1
　酒、片栗粉…各小さじ½
ごま油…小さじ½
水…小さじ2

副菜1
カニカマ、みつ葉、ごま油で
うまみアップ！

カニカマ玉子

材料（1人分）

B 溶き卵…約1個分（はんぺん豆腐ハンバーグの残り）
　カニカマ…1切れ
　みつ葉…7本
　ごま油…小さじ½
　鶏がらスープの素…少々

副菜2
ウスターソースが効いた
ほっこり家庭味！

小松菜と厚揚げの
ウスターソース焼き

材料（1人分）

C 小松菜…½株
　厚揚げの皮…½枚分
　　（はんぺん豆腐ハンバーグの残り）
　サラダ油…小さじ½
ウスターソース…小さじ½

ごはん
ごはん…150g（1膳分）　※白米1合に押し麦50㎖、黒米大さじ1で炊飯

(´・ω・`)ノ

作り置きなし10分で作る
ポイント

トースターと電子レンジに副菜2品をお任せ
している間に、フライパンでハンバーグを
さっと焼くだけ。加熱時間のかかるトース
ター（副菜2）⇒フライパン（メイン）⇒レ
ンジ（副菜1）の順に作るのがコツ。

（ Plus1コラム ）

**厚揚げはハサミで
皮と中身を切り分けて使う**

豆腐は水分が多いのでお弁当
向きではないのですが、かわ
りに厚揚げを使えば、白い中
身を水切りした豆腐のように
使え、皮の部分を油揚げのよ
うに使えます。厚揚げ1つを
2つのおかずに使うことがで
き、無駄がありません。

作り方

メイン

はんぺん
豆腐
ハンバーグ

A
- ・厚揚げの中身
- ・はんぺん
- ・枝豆
- ・ベビーチーズ
- ・溶き卵
- ・酒
- ・片栗粉

2

ポリ袋に**A**を入れて揉み込む。

3

袋越しに2つに分け、俵形にする。

・ごま油

4

14cmのフライパンにごま油を熱しハンバーグを焼く。

厚揚げ、チーズはハサミで切り、はんぺんはちぎる。

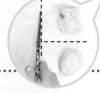

袋をカットすると取り出しやすい。

副菜1

カニカマ
玉子

副菜2

小松菜と
厚揚げの
ウスター
ソース焼き

C
- ・小松菜
- ・厚揚げの皮
- ・サラダ油

1

トースター皿に**C**を入れて加熱する。

厚揚げの皮はハサミで1cm幅、小松菜は3cm幅に切る。

トースター4分

弱めの中火

焼く 片面2分＋片面2分 ➡

・水 **8**

水を加えフタをして蒸し焼きする。

強めの中火

蒸し焼き1分 ➡ **完成**

B
・溶き卵
・カニカマ
・みつ葉
・ごま油
・鶏がらスープの素

5

耐熱ボウルにBを混ぜ合わせる。

6

レンジで加熱する。

レンジ1分30秒 ➡ **完成**

カニカマは手で裂く。みつ葉は3cm幅にちぎる。

・ウスターソース **7**

ウスターソースを加えてさらに加熱する。

トースター2分 ➡ **完成**

フライパン ＋ レンジ ＋ トースター で作る オムライス弁当

10 minutes bento

②

オムライスのお弁当は、手間のかかる印象がありますが、
薄焼き玉子だけフライパンで焼いて、ケチャップライスをレンジで作り、
お弁当箱とホイルを使えば包むのも簡単。洋風2品のおかずも添えて満足度も◎。

メイン

口当たりのよいなめらか玉子が
ごはんを包み込む

ケチャップライスの
オムライス

材料（1人分）

A	溶き卵…1個分
	牛乳…大さじ1
	砂糖…少々

B	玉ねぎ…20g
	ベーコン…½枚
	ごはん…80g（½膳分）
	バター（チューブ）…10cm
	コンソメ顆粒…小さじ½
	ケチャップ…大さじ1
	こしょう…少々

副菜1

食物繊維たっぷり！
噛めば噛むほどうまみじゅわっ

にんじんと切り干し
大根のコールスロー

材料（1人分）

C	にんじん…5g
	切り干し大根、冷凍コーン…各大さじ1
	水…300ml

D	マヨネーズ…小さじ1
	酢…小さじ½
	砂糖…小さじ⅓

副菜2

えびとグリーンアスパラの彩りが
華を添える

アスパラとえびの
ガーリック焼き

材料（1人分）

E	冷凍えび…5尾〈はらわたが処理されたもの〉
	〈軽く洗って水けを取っておく〉
	酒、こしょう…各少々

F	アスパラガス…1本
	塩、ガーリックパウダー…各少々
	サラダ油…小さじ½

レモン汁…少々

(･‿･｀)ノ

作り置きなし10分で作る
ポイント

フライパンを使うのは薄焼き卵を作る時だけ。
ケチャップライスと、副菜1は電子レンジに
お任せ。加熱時間の長いトースター（副菜2）
⇒フライパン（薄焼き卵）⇒レンジ（副菜1、
ケチャップライス）の順で作ります。

（ Plus1コラム ）

アルミホイルは
フライパン専用のものを使う

普通のホイルは食材がくっつきやすいので、
シリコーン加工のフライパン専用のものを使
います。表面と裏面があるので注意。軽くて
浮きやすいので、
着火前にフライパ
ンに密着するよう
に手のひらでよく
押し付けます。

作り方

メイン
ケチャップ ライスの オムライス

〈薄焼き玉子を作る〉**3**

A
・溶き卵
・牛乳
・砂糖

●●●
中火

焼く6分

20cmのフライパンに、アルミホイルを敷き**A**を混ぜ入れ、火の通りが均一になるようにフライパンを回しながら薄く焼く。

B
・玉ねぎ
・ベーコン
・ごはん
・バター
・コンソメ顆粒
・ケチャップ
・こしょう

副菜 1
にんじんと 切り干し大根の コールスロー

C
・にんじん
・切り干し大根
・冷凍コーン
・水

4

レンジ2分

にんじんはピーラーでスライスし、切り干し大根はハサミで2cm幅に切る。

耐熱ボウルに**C**を入れてレンジで加熱する。

副菜 2
アスパラと えびの ガーリック 焼き

E
・冷凍えび
・酒
・こしょう

F
・アスパラガス
・塩
・ガーリックパウダー
・サラダ油

1

2

トースター8分

アスパラはハサミで1cm幅の斜め薄切りにする。

耐熱ボウルに**E**を入れて混ぜ、レンジで約30秒加熱する。

1の水けを取り、**F**を加えてトースターで加熱する。

6

火を止め、フタを
して蒸す。

蒸す2分 ➡ **完成**

〈ケチャップライスを作る〉

5

玉ねぎはピーラー
でスライスし、
ベーコンは手で1
cm程度にちぎる。

耐熱ボウルに**B**を
入れて混ぜ、レン
ジで加熱する。

レンジ2分 ➡ **完成**

7

D
・マヨネーズ
・酢
・砂糖

完成

ザルにあげて水け
を取り、**D**を加え
て混ぜる。

・レモン汁

完成

レモン汁を加える。

ライスを玉子でキレイに巻くコツ

Ⓐお弁当箱にホイルを敷き、薄焼き玉子を敷き、
　ライスをのせ、お弁当箱の形に成形する。
Ⓑホイルを取り出しお弁当箱をかぶせるよう
　にし、逆さにしてお弁当箱に移す。
Ⓒホイルを外し、スプーンなどで形を整える。

3

10 minutes bento

冷めてもおいしい鶏チリは、手間のかかる印象がありますが、
油少なめの揚げ焼きで手軽に作ります。豆板醤と長ねぎを使って中華風に仕上げ、
副菜はめんつゆを使った和風の玉子とバター味のほうれん草で満足感をアップ。

メイン

まろやかソースに
豆板醤がピリリ！

鶏チリ

材料（1人分）

A	鶏もも肉…90g
	にんにく、しょうが（チューブ）…各1cm
	こしょう…少々
溶き卵…大さじ1	

片栗粉…小さじ1	
サラダ油…大さじ½	
B	長ねぎ…4cm
	豆板醤（とうばんじゃん）、砂糖…各小さじ½
	酢、酒…各大さじ½
	しょうゆ…小さじ⅓

副菜1

切り干し大根の滋味深いうまみが
味の決め手

切り干し大根の
玉子とじ

材料（1人分）

C	切り干し大根…大さじ1（約1g）
	めんつゆ（2倍濃縮）…小さじ1
D	しいたけの軸…1個分
	みつ葉…2～3本
	溶き卵…約1個分（鶏チリの残り）
	ごま油…小さじ½

副菜2

しいたけのうまみじんわり
バターの風味ふんわり

ほうれん草としいたけ
のバターあえ

材料（1人分）

E	冷凍ほうれん草…30g
	みりん…小さじ1
	玉ねぎ…10g
	しいたけのカサ…1個分（切り干し大根の玉子とじで使う残り）
	カット干ししいたけ…2切れ

F	バター（チューブ）…6cm
	めんつゆ（2倍濃縮）…小さじ1

ごはん

ごはん…150g（1膳分）

＜(´・ω・`)ノ

作り置きなし10分で作る
ポイント

鶏チリの工程が多めなので、他の2品はレンジで簡単に作ります。鶏チリのフライパンは火加減のコントロールがコツ。弱めの中火でゆっくりめに加熱し、その間に他のおかずを調理。最後1分は中火で煮詰めます。

（ Plus1コラム ）

卵としいたけを
複数のおかずで使い切る

溶き卵をメインと副菜1で、しいたけを副菜1と2で使います。食材を共用すればその分手間が減り、かつ味付けを中華風、めんつゆ、バターあえと変化をつけることで、全く違う料理に変身してくれます。

作り方

メイン
鶏チリ

鶏肉はキッチンバサミで7〜8等分に切る。

1

・溶き卵
・片栗粉

A
・鶏もも肉
・にんにく
・しょうが
・こしょう

ポリ袋にAを入れて振り、溶き卵を入れて振り、片栗粉を入れて振る。

2

・サラダ油

14cmのフライパンにサラダ油を熱し、1の鶏肉を皮目から入れて焼く。

●●●
弱めの中火

焼く　片面2分＋片面2分

副菜1
切り干し大根の卵とじ

4

C
・切り干し大根
・めんつゆ

切り干し大根はキッチンバサミで1cm幅に切る。

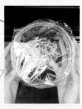

耐熱ボウルにCを入れてレンジで加熱する。

副菜2
ほうれん草としいたけのバターあえ

3

E
・冷凍ほうれん草
・みりん
・玉ねぎ
・しいたけのカサ
・干ししいたけ

玉ねぎはピーラーでスライス、しいたけのカサはハサミで5mm幅に切る。

耐熱ボウルにEを入れてレンジで加熱する。

レンジ1分

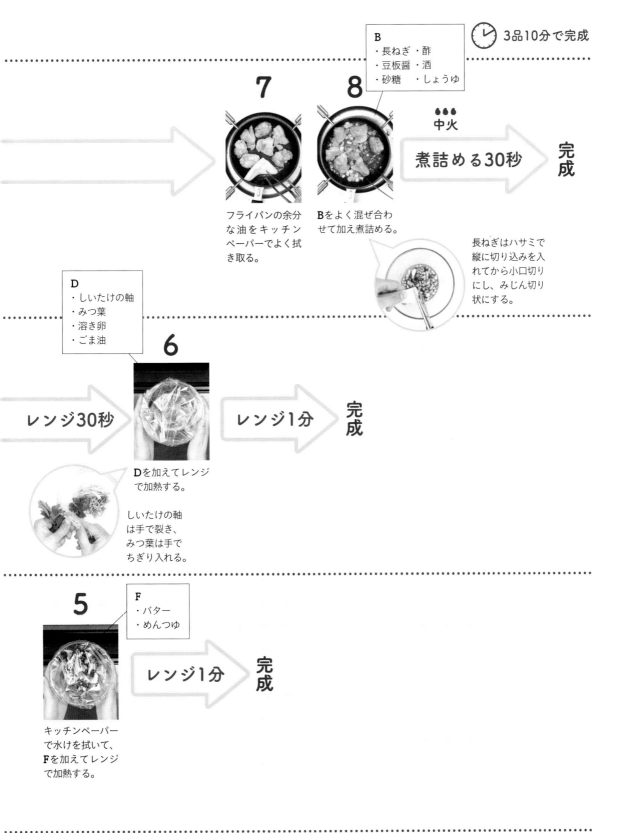

B
・長ねぎ　・酢
・豆板醤　・酒
・砂糖　　・しょうゆ

7

フライパンの余分な油をキッチンペーパーでよく拭き取る。

8

Bをよく混ぜ合わせて加え煮詰める。

●●●
中火

煮詰める30秒

完成

長ねぎはハサミで縦に切り込みを入れてから小口切りにし、みじん切り状にする。

D
・しいたけの軸
・みつ葉
・溶き卵
・ごま油

6

レンジ30秒

レンジ1分

完成

Dを加えてレンジで加熱する。

しいたけの軸は手で裂き、みつ葉は手でちぎり入れる。

5

F
・バター
・めんつゆ

レンジ1分

完成

キッチンペーパーで水けを拭いて、Fを加えてレンジで加熱する。

フライパン + レンジ で作る
サケの油琳鶏風弁当

10 minutes bento

4

魚は肉に比べて加熱時間が短く、中でもサケは臭みや骨も少ないので
お弁当におすすめ。油少なめの揚げ焼きでユーリンチー風にアレンジすれば
おいしさも倍増。のりしそとバターごまあえの副菜で味わい深いお弁当。

メイン

カリッと焼けたサケに
甘酸っぱいたれがからむ

サケの
ユーリンチー風

材料（1人分）

A｜生サケ…1切れ（約90g）
　｜しょうゆ…小さじ½
　｜酒…小さじ1

片栗粉…小さじ1

サラダ油…フライパン全体に薄く張る程度

B｜にんにく、しょうが（チューブ）…各1cm
　｜酢、砂糖、しょうゆ、水…各小さじ1
　｜長ねぎ…3cm

副菜1

のりでしそをはさんで
レンチンするだけ！

のり玉子

材料（1人分）

C｜のり…三つ切1枚（1枚を半分に切る）
　｜しその葉…2枚
　｜卵…1個
　｜塩…少々

副菜2

ごまとバターが
ほうれん草の甘みを引きたてる

ほうれん草の
バターごまあえ

材料（1人分）

D｜冷凍ほうれん草…30g
　｜酒…小さじ1

E｜砂糖…小さじ½
　｜めんつゆ（2倍濃縮）…小さじ1
　｜バター（チューブ）…4cm
　｜白すりごま…小さじ1

ごはん

ごはん…150g（1膳分）

（´・ω・`）ノ

作り置きなし10分で作る
ポイント

サケに下味をつけて放置⇒焼き始めは弱めの
中火⇒調味料を加えてから1～2分は強めの
中火で煮詰めます。その間に、玉子とほうれ
ん草のおかずをレンジだけで完成。野菜の
カットはハサミを使う長ねぎだけ。

（ Plus1コラム ）

のり玉子のハサミ使い

卵を、のりとしそでサン
ドして、電子レンジで加
熱しますが、卵が爆発し
ないように、白身6か所、
黄身3か所程度にハサミ
で切り込みを入れます。

粗熱が取れたらキッチン
バサミでカットすれば萌
え断な玉子焼きに。

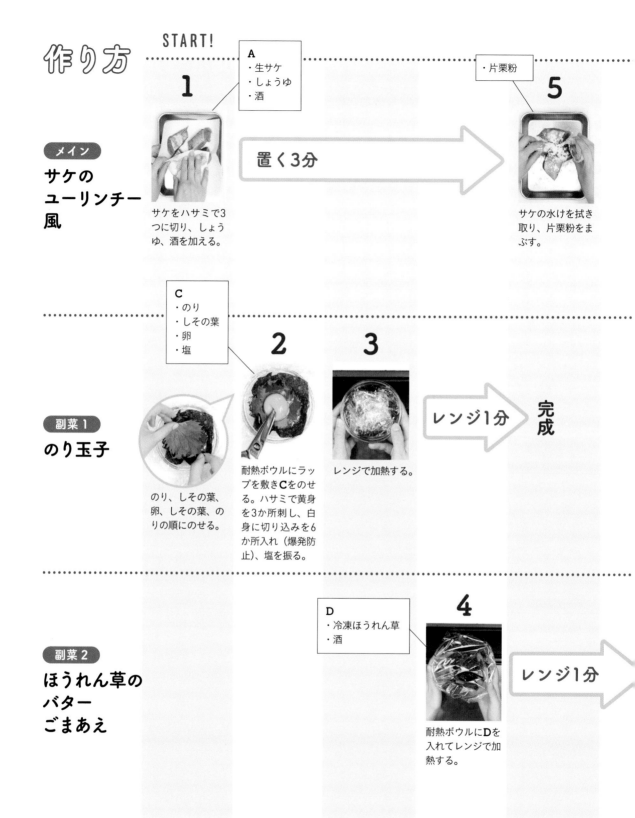

作り方

START!

A
・生サケ
・しょうゆ
・酒

1

メイン

サケの
ユーリンチー
風

サケをハサミで3つに切り、しょうゆ、酒を加える。

置く3分

・片栗粉

5

サケの水けを拭き取り、片栗粉をまぶす。

C
・のり
・しその葉
・卵
・塩

2

3

副菜1

のり玉子

のり、しその葉、卵、しその葉、のりの順にのせる。

耐熱ボウルにラップを敷きCをのせる。ハサミで黄身を3か所刺し、白身に切り込みを6か所入れ（爆発防止）、塩を振る。

レンジで加熱する。

レンジ1分

完成

D
・冷凍ほうれん草
・酒

4

副菜2

ほうれん草の
バター
ごまあえ

耐熱ボウルにDを入れてレンジで加熱する。

レンジ1分

・サラダ油

B
・長ねぎ　・砂糖
・にんにく　・しょうゆ
・しょうが　・水
・酢

6

14cmのフライパンにサラダ油を熱し、5を入れて時々返しながら焼く。

●●●
弱めの中火

焼く2分

8

ボウルにBを混ぜ合わせる。

長ねぎはハサミで縦に切り込みを入れ、小口切りにしてみじん切り状にする。

9

余分な油をふき取り、8を加えて煮詰める。

●●●
強めの中火

煮詰める1〜2分

完成

E
・砂糖
・めんつゆ
・バター
・白すりごま

7

完成

4の水けをキッチンペーパーで拭き取り、Eを混ぜる。

レンジ + トースター で作る

ささみタコスロール弁当

10 minutes bento

5

ささみを使って巻くおかずのお弁当。ささみは脂が少ないので、
レンジ調理だけでも臭みが出にくくお弁当にぴったりの食材です。
淡白なささみの中にタコスソース、副菜はマヨ味とほんのり甘いみそ味のハーモニー。

メイン

肉のダブルのうまみが凝縮した
スパイシーおかず

ささみ
タコスロール

材料（1人分）

タコスソース

A	玉ねぎ…5〜10g
	にんにく（チューブ）…0.5cm
	合いびき肉…10g
	中濃ソース…小さじ½
	チリパウダー、こしょう …各少々
	ケチャップ…小さじ1

鶏ささみ
　…1本（約70g）
塩…少々
酒…小さじ1
キャベツ…½枚
ピザ用チーズ…2.5g

副菜1

ゆで野菜で食物繊維をしっかりチャージ

キャベツとアスパラの
マヨあえ

材料（1人分）

キャベツ…½枚
アスパラガス…1本
ささみタコスロールの肉汁…小さじ1

B	マヨネーズ…小さじ1
	しょうゆ、粒マスタード…各小さじ⅓

副菜2

ほんのり甘めのみそ味でごはんがすすむ！

にんじんみそ
チーズ焼き

材料（1人分）

C	にんじん…15g
	みそ…小さじ½
	みりん…小さじ1
	粉チーズ…小さじ1

ごはん

ごはん…150g（1膳分）

(´・ω・`)ノ

作り置きなし10分で作る
ポイント

メインと副菜1をレンジで作り、副菜2をトースターで作ります。キャベツを2つのおかずに使ったり、メインの肉汁を副菜の調味料にしたりと、材料を無駄なく使うコツが詰まった組み合わせです。

(Plus1コラム)

仕上げのハサミ使い

できあがったささみタコスロールもキッチンバサミでカット。刺すように刃を入れてから、刃を広げるようにカットするとうまくいきます。とろりとしたタコスソースと黄緑色のキャベツが顔をのぞかせた、美しい断面に。

作り方

START!

A
- 玉ねぎ
- にんにく
- 合いびき肉
- 中濃ソース
- チリパウダー
- こしょう
- ケチャップ

4

玉ねぎはピーラーでスライスする。

耐熱皿に**A**を入れて混ぜ、レンジで加熱してタコスソースを作る。

レンジ1分

メイン

ささみ
タコス
ロール

- キャベツ
- アスパラガス

2

3

副菜1

キャベツと
アスパラの
マヨあえ

キャベツは½枚をメイン用に、残りを副菜1用にハサミで切り分ける。

キャベツの葉は手でちぎり、芯に近い部分はハサミで5mm幅に切り、アスパラは4cmの斜め切りにする。

2をレンジで加熱する。

レンジ1分

C
- にんじん
- みそ
- みりん
- 粉チーズ

1

副菜2

にんじん
みそチーズ
焼き

トースター皿に**C**を混ぜ合わせて加熱する。

トースター7分

にんじんはピーラーでスライスする。

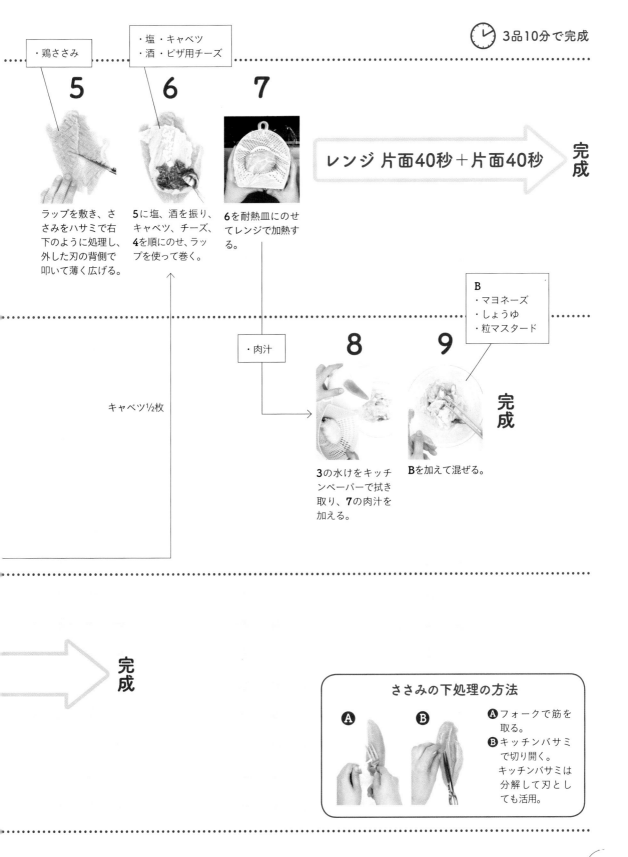

・鶏ささみ

・塩 ・キャベツ
・酒 ・ピザ用チーズ

5

ラップを敷き、ささみをハサミで右下のように処理し、外した刃の背側で叩いて薄く広げる。

6

5に塩、酒を振り、キャベツ、チーズ、4を順にのせ、ラップを使って巻く。

7

6を耐熱皿にのせてレンジで加熱する。

レンジ 片面40秒＋片面40秒　→　完成

キャベツ½枚

・肉汁

B
・マヨネーズ
・しょうゆ
・粒マスタード

8

3の水けをキッチンペーパーで拭き取り、7の肉汁を加える。

9

Bを加えて混ぜる。

完成

完成

ささみの下処理の方法

Ⓐ　Ⓑ

Ⓐ フォークで筋を取る。
Ⓑ キッチンバサミで切り開く。キッチンバサミは分解して刃としても活用。

塩昆布ツナパスタ弁当

10 minutes bento

6

耐熱プラスチックのお弁当箱に直接パスタと水、塩、サラダ油を入れて、
電子レンジだけでできるパスタのお弁当です。塩昆布やしその香りが食欲をそそり、
トマトとパプリカの副菜2つも香ばしく食べ応えある組み合わせ。

メイン

昆布とツナのうまみが鍵
しそ香る和風パスタ

塩昆布とツナの
パスタ

材料（1人分）

パスタ（1.5mm、5分ゆでのもの）…60g	
塩…小さじ¼	
サラダ油…小さじ½	
水…200ml（容器にひたひたになるまで）	

A	バター（チューブ）…10cm
	ツナ（無塩）…½缶（オイルを切る）
	塩昆布…大さじ1（約3g）
B	サラダ油またはオリーブオイル…小さじ½
	しその葉…3枚

副菜1

パプリカの甘みがじゅわっと広がる

ツナとパプリカの
トースター焼き

材料（1人分）

C	赤パプリカ…¼個（約25g）
	ツナ（無塩）…½缶（パスタで使った残り）
	オリーブオイルまたはサラダ油…小さじ1
	砂糖…小さじ⅓
	ハーブソルト、乾燥バジル…各少々
	レモン汁…少々

副菜2

かぼちゃの甘みとトマトの酸味の
マリアージュ

ラタトゥイユ風

材料（1人分）

D	ミニトマト…1個	E	乾燥バジル、粉チーズ…各少々
	冷凍かぼちゃ…1切れ		コンソメ顆粒…小さじ¼
	玉ねぎ…10g		ケチャップ…小さじ1

(˙ω˙)ノ

作り置きなし10分で作る
ポイント

耐熱プラスチックのお弁当箱に直接パスタと水、塩、サラダ油を入れて、電子レンジだけで調理OK。副菜2つは、同時にトースターで加熱します。トースターから調理を始めて最後にレンジでパスタを作る順に。

(Plus1コラム)

電子レンジには「5分ゆで」麺を使う

レンジで加熱するには太さ1.5mm麺を選びます（それ以下の細さの麺はレンジNG）。ゆでる時にはくっつき防止のためにサラダ油と塩を入れること。
仕上げにもサラダ油を入れると冷めてもおいしく食べることができます。

※トースターは2皿入れられるので副菜2つを同時加熱OK。

作り方

START!

・パスタ
・塩
・サラダ油
・水

メイン
塩昆布とツナのパスタ

3

パスタにキッチンペーパーを巻いて（飛び散り防止のため）半分に折り、入れる。

耐熱のお弁当箱にひたひたになるまで水を加え、パスタ、塩、サラダ油を加え、ラップをかけずにレンジで加熱する。

レンジ3分

C
・赤パプリカ
・ツナ
・オリーブオイル
・砂糖
・ハーブソルト
・乾燥バジル

1

副菜 1
ツナとパプリカのトースター焼き

トースター皿に**C**を入れて加熱する。

トースター8分

パプリカはキッチンバサミで1cmの乱切りにする。

E
・乾燥バジル
・粉チーズ
・コンソメ顆粒
・ケチャップ

2

4

D
・ミニトマト
・玉ねぎ
・冷凍かぼちゃ

副菜 2
ラタトゥイユ風

ミニトマトはキッチンバサミで切り込みを入れ、玉ねぎはピーラーでスライスする。

耐熱皿に**D**を入れ、レンジで加熱する。

レンジ30秒

トマトはつぶし、かぼちゃが大きければスプーンで切る。

2に**E**を加えてトースターで加熱する。

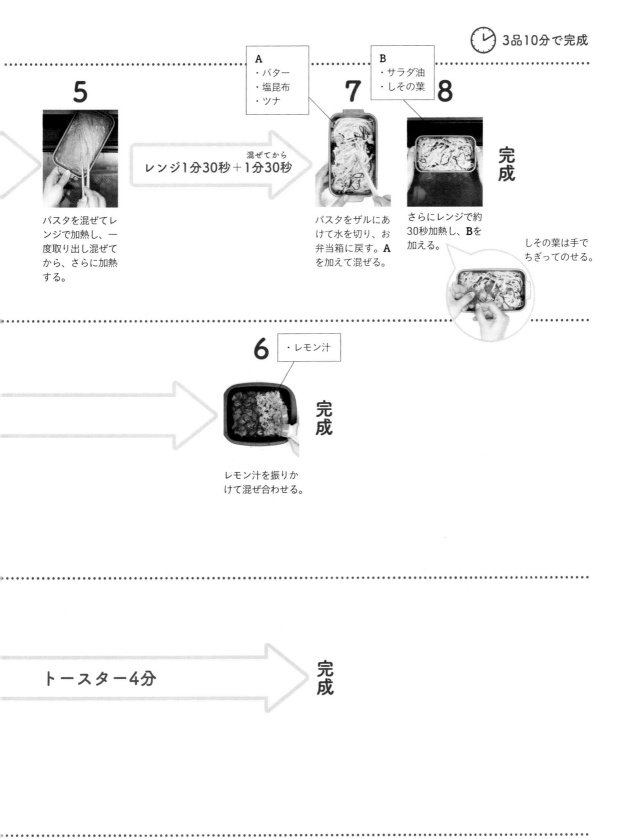

5

パスタを混ぜてレンジで加熱し、一度取り出し混ぜてから、さらに加熱する。

混ぜてから
レンジ1分30秒＋1分30秒

A
・バター
・塩昆布
・ツナ

7

パスタをザルにあけて水を切り、お弁当箱に戻す。**A**を加えて混ぜる。

B
・サラダ油
・しその葉

8

完成

さらにレンジで約30秒加熱し、**B**を加える。

しその葉は手でちぎってのせる。

6 ・レモン汁

完成

レモン汁を振りかけて混ぜ合わせる。

トースター4分

完成

フライパン + レンジ で作る

ひき肉と野菜の甘辛炒め弁当

10 minutes bento

7

27cmのフライパンで3つのおかずを同時に加熱するお弁当。
メインに野菜とお肉をごろごろ入れてボリューム感があるので、卵と野菜の副菜は
シンプルな味付けにします。ひき肉をあえて塊状にして焼くと満足感が高くなります。

メイン

野菜嫌いさんでも
食べやすい味付け！

ひき肉と野菜の
甘辛炒め

材料（1人分）

A	合いびき肉…80g
	サラダ油…小さじ½

なす…½本（約40g）

B	オクラ…2本
	玉ねぎ…20g
	ミニトマト…2個

C	ケチャップ、中濃ソース
	…各小さじ2

ピザ用チーズ…10g

副菜1

簡単なのに、ハーブで
「格上げ」な目玉焼き

ハーブぺったん
目玉焼き

材料（1人分）

D	卵…1個
	塩、こしょう…各少々
	乾燥ハーブ…小さじ¼

副菜2

わさびがふんわり香る野沢菜漬け風おかず

小松菜の
わさびしょうゆ炒め

材料（1人分）

E	小松菜…1株
	サラダ油…小さじ½
F	しょうゆ…小さじ½
	砂糖…ひとつまみ

G	わさび（チューブ）…1cm
	レモン汁……小さじ½

ごはん

ごはん…150g（1膳分）

(･‘ω･’)ノ

作り置きなし10分で作る
ポイント

フライパンで同時加熱の際、慣れないうちは
先にまとめて野菜を切っておくといいです。
慣れたら加熱しながら切り入れるとスピード
アップ。野菜を切る時、調味料を加える時は、
火を弱めると慌てずにうまくいきます。

（ Plus1コラム ）

フライパン専用ホイルの
仕切りの作り方

フライパン専用ホイルでフ
ライパンの⅓ずつのサイズ
で皿のような形を2つ作り
ます。こうすることでおか
ずの味移りを防ぎつつ同時
加熱ができます。ひき肉やなすはしっかり加
熱したいのでホイルは敷かず加熱します。

作り方 ··

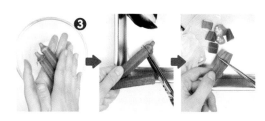
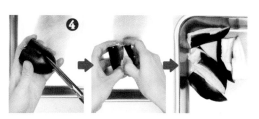

START!　　　　　**1**

❶ 小松菜はキッチンバサミで4cm幅に切る。

❷ 玉ねぎはピーラーでスライスする。

❸ オクラは塩（分量外）をかけて両手でこす
りあわせて産毛を取り、レンジで20秒加熱。
ハサミでガクを切り落とし、1cm幅に切る。

❹ なすはハサミを突き刺し、刃を広げるよう
にして側面に6か所切り込みを入れる。手で
押し広げるようにして6等分にする。

···

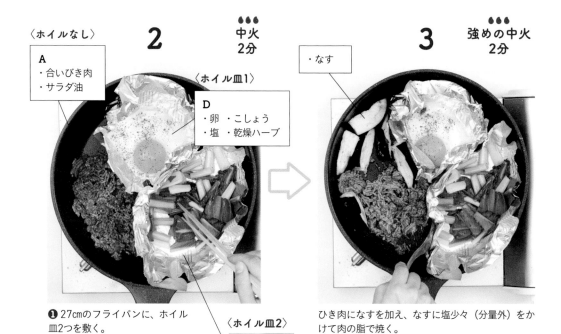

2　　●●●
中火
2分

〈ホイルなし〉

A
・合いびき肉
・サラダ油

〈ホイル皿1〉

D
・卵　・こしょう
・塩　・乾燥ハーブ

〈ホイル皿2〉

E
・小松菜
・サラダ油

❶ 27cmのフライパンに、ホイル
皿2つを敷く。

❷ 〈ホイル皿1〉に**D**を入れる。

❸ 〈ホイル皿なし〉に**A**を入れる。

❹ 〈ホイル皿2〉に**E**を入れる。

3　　●●●
強めの中火
2分

・なす

ひき肉になすを加え、なすに塩少々（分量外）をか
けて肉の脂で焼く。

B
・オクラ
・玉ねぎ
・ミニトマト

4 ●●●
強めの中火
2分

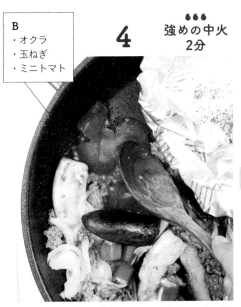

ひき肉に**B**を加えて焼き、ミニトマトをつぶして焼き混ぜる。

C
・ケチャップ
・中濃ソース

5 ●●
弱火
1分

F
・しょうゆ
・砂糖

❶ ひき肉と野菜をよけ、**C**を加えて煮詰め、全体にからめる。
❷ 小松菜に**F**を加えて炒める。

・ピザ用チーズ

6 ●●●
中火
30秒

ひき肉と野菜の上にチーズをのせて混ぜる。

7 蒸らす
30秒

G
・わさび
・レモン汁

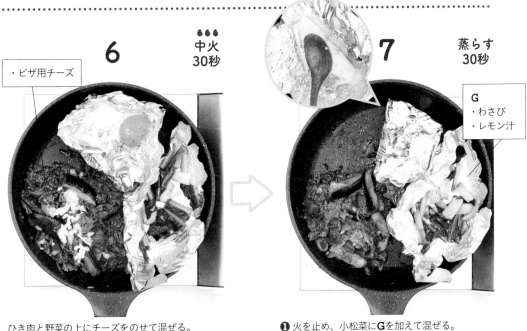

❶ 火を止め、小松菜に**G**を加えて混ぜる。
❷ 目玉焼きを半分に折り、ホイルで包み、余熱で蒸らす。

🕐 3品10分で完成

フライパン + レンジ で作る

ぶりの照り焼き弁当

27cmのフライパンで3つのおかずを同時に加熱する魚のお弁当。
ぶり照りに長ねぎを加えて風味アップ。副菜の目玉焼きはスナップエンドウやコーンを入れて
もう1つのスペースで温野菜を作れば栄養バランスもばっちり。

メイン

とろ～りねぎが贅沢な、
定番のおふくろの味

ぶりの照り焼き

材料（1人分）

ぶり…1切れ
酒…小さじ1
長ねぎ…4cm
サラダ油…小さじ1
A｜砂糖、みりん、酒…各小さじ1
　｜しょうゆ…小さじ1と½

副菜1

カラフル野菜の食感が楽しい！

野菜のぺったん
目玉焼き

材料（1人分）

卵…1個
B｜スナップエンドウ…2本（筋を取っておく）
　｜冷凍コーン…大さじ½
C｜塩、こしょう、粉チーズ…各少々

副菜2

トマトのまろやかな酸味が
味の決め手！

ブロッコリーの
イタリアン炒め

材料（1人分）

オリーブオイルまたはサラダ油…小さじ½
冷凍ブロッコリー…2～3房
ミニトマト…1個
D｜塩、ガーリックパウダー、こしょう…各少々
　｜乾燥バジル…小さじ½

ごはん　ごはん…150g（1膳分）

(´・ω・`)ノ

作り置きなし10分で作る
ポイント

フライパンひとつの調理は加熱の仕方が重要。
材料をすべて入れるまでは弱火⇒その後火を
強めて焼き⇒調味料を加えて最後に1～2分
強めの中火で加熱すると失敗しにくいです。

（ Plus1コラム ）

魚の臭みを防ぐコツ

魚は臭みが出やすい食材
ですが、焼く前に酒を振
りかけ、皮目を下にして
しっかり焼くことで臭み
を防ぐことができます。
さらに焼いた後ペーパー
で余分な油を拭き取るこ
とも重要です。

作り方

START!

1

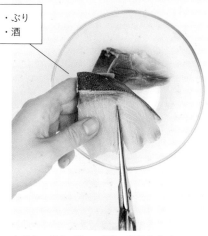

・ぶり
・酒

ぶりをハサミで3つに切り、酒を加える。

2

〈ホイル皿1〉
・卵

弱火
2分

〈ホイル皿2〉
・オリーブオイル
・冷凍ブロッコリー
・ミニトマト

〈ホイルなし〉

❶ 27cmのフライパンにホイル皿を2つ敷く。
❷ 〈ホイル皿1〉に卵を割り入れる。
❸ 〈ホイル皿2〉にオリーブオイルを入れて熱する。
❹ 冷凍ブロッコリーをレンジで約1分加熱し、水け
を取り、ミニトマトとともに〈ホイル皿2〉に加え
て炒める。

3

中火
2分

・サラダ油
・1のぶり

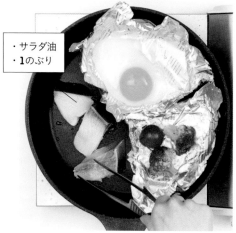

❶ 〈ホイルなし〉にサラダ油をひき、1のぶりを加
えて焼く。
❷ 焼き色が付いたら、キッチンペーパーで余分な
油を拭き取る。

4

中火
30秒

B
・スナップエンドウ
・冷凍コーン

C
・塩
・こしょう
・粉チーズ

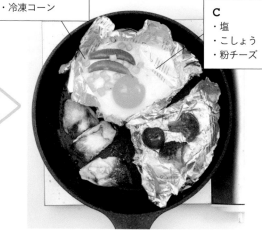

Bをレンジで30秒加熱し、卵にのせる。さらにCを
振る。

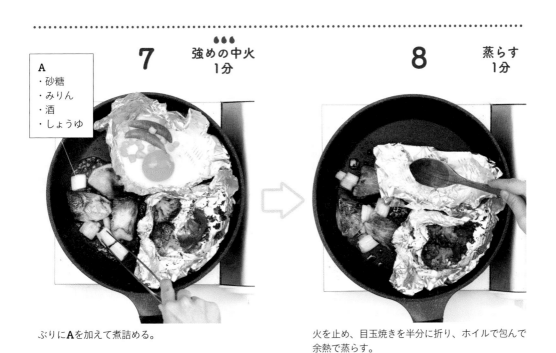

5 ●●● 中火 1分30秒

・長ねぎ

ぶりに長ねぎをキッチンバサミで1cm幅に切りながら加える。

6 ●● 弱火 2分

D
・塩
・ガーリックパウダー
・こしょう
・乾燥バジル

ブロッコリーに**D**を加えトマトをつぶしてからめながら焼く。

7 ●●● 強めの中火 1分

A
・砂糖
・みりん
・酒
・しょうゆ

ぶりに**A**を加えて煮詰める。

8 蒸らす 1分

火を止め、目玉焼きを半分に折り、ホイルで包んで余熱で蒸らす。

🕐 3品10分で完成

(･･ω･)ﾉ

column
私の愛用道具たち

ここでは、私がリアルに愛用している選りすぐりの13点をご紹介します。
みなさんが道具を選ぶ時の参考にして下さい。

❶ 計量スプーン／大さじも小さじもこれ1つ。内側には½のラインも。底が平らになっていて、置いたまま計量可能。(マーナ)

❷ スプーン置き／キッチンバサミなどのツールを一時的に置く場所。意外とない平らな形。置きやすく取りやすい。(モンキービジネス)

❸ シリコンラップ／レンチンの時にラップとして使って時短＆節約。ブタさんの鼻の穴が空気孔になっていてユニーク。(マーナ)

❹ フライパン14cm／火が通りやすく、洗うのも簡単。ぎりぎり2人分のお弁当のおかずの調理も可能。(パール金属)

❺ トング／衛生面が気になる肉や魚を調理する時に使用。先が細くなっているので薄切り肉でもつかみやすい。(トーダイ)

❻ スライサー／長ねぎやきゅうりをスライスする時に。場所を取らないコンパクトさがお気に入り。おろし機能も付属。(下村工業)

❼ ピーラー／縦型なので、楽に使えて、フライパンやボウルに直入れする時も、こぼさず入れやすい。(マーナ)

❽ キッチンバサミ／分解して洗えるというのが最大のポイント。分解した刃を1本だけ使って、肉を叩くこともできる。(下村工業)

❾ 木さじ／フッ素樹脂加工のフライパンやガラスを傷つけない。スプーンとしても、木べらのかわりにも使える。(フランフラン)

❿ ザルボウル／電子レンジでも使えるもの。平らになっている側面部でチリトリ式に食材を集めたり、計量もできて優秀。(パール金属)

⓫ シリコンスプーン／実は離乳食用。先が平らになっていて、少ない量のソースやたれもかき集めやすい。(マーナ)

⓬ 耐熱ガラスボウル14cm／ブタさんのシリコンラップにもぴったり。何が入っているか一目瞭然なので使いやすい。(デュラレックス)

⓭ トースター皿／フッ素樹脂加工。小さめのサイズで使いやすい。朝食の目玉焼き作りにも。魚焼きグリルでも使える。(下村企販)

Part 2

材料別
メインのおかず
バリエ

(･ω･)ﾉ

肉や魚を使ったメインのおかずです。材料別に味のパターンを網羅したので
ぜひいろいろ組み合わせてみてください。

＊調理時間は単品で作った時の目安です。

鶏肉

調理
8分

〔 フライパン 〕

炒め玉ねぎもいらない！　10分以内で本格カレー

バターチキンカレー

材料（1人分）
鶏もも肉…90g
玉ねぎ…20g
ハーブソルト…小さじ⅓
　（または塩…少々）
こしょう…少々
サラダ油…小さじ½
ミニトマト…2個
A ┌ バター（チューブ）…10cm
　　│ にんにく、しょうが
　　│ 　（チューブ）…各1cm
　　└ カレー粉…小さじ1
ピザ用チーズ…大さじ1（10g）
　お好みで
生クリーム…小さじ1
　お好みで

作り方
1 玉ねぎはピーラーでスライスする。
2 鶏肉をキッチンバサミで6〜7等分に切り、ハーブソルトとこしょうをまぶす。
3 フライパンにサラダ油を熱し、返しながら約4分焼く。
4 全体に焼き目がついたら、余分な油をキッチンペーパーで拭き取る。
5 肉を端に寄せ、1と**A**を加えて、ミニトマトをつぶしながら炒める。
6 お好みでチーズ、生クリームを加え、全体を混ぜ合わせてさっと炒める。

調理
10分

〔 フライパン 〕　〔 レンジ 〕

こんにゃくに味しみしみ簡単筑前煮風

鶏肉とこんにゃくの煮物

材料（1人分）
鶏もも肉…90g
こんにゃく…50g
水…300mℓ
A ┌ カット干ししいたけ
　　│ 　…4切れ
　　│ かつお節…2g
　　│ しょうゆ…大さじ½
　　│ みりん…大さじ1
　　│ 砂糖…小さじ1
　　│ しょうが（チューブ）
　　│ 　…1cm
　　└ 水…50mℓ

作り方
1 耐熱皿にこんにゃくをキッチンバサミまたは手で一口大にちぎる。
2 水を加えてレンジで約2分加熱する。
3 こんにゃくのレンジの合間に、フライパンに鶏肉をキッチンバサミで6〜7等分に切り入れ、**A**を加えて、強めの中火で加熱する。
4 加熱したこんにゃくを冷水で洗い、ザルにあけて水けを取り、3に加えて強めの中火で7分煮る。

1

フライパン

ピンク色のオーロラソースがごはんに合う

チキン南蛮

材料（1人分）
鶏もも肉…90g
こしょう…少々
にんにく、しょうが（チューブ）
　…各1cm
溶き卵、片栗粉…各大さじ1
サラダ油…大さじ1
A｜みりん、酢…各大さじ½
　｜しょうゆ、砂糖、
　｜　中濃ソース、ケチャップ
　｜　…各小さじ½
B｜マヨネーズ…小さじ1
　｜レモン汁
　｜　…小さじ½（あれば）

作り方
1 鶏肉をキッチンバサミで6〜7等分に切り、ポリ袋に入れる。こしょう、にんにく、しょうがを加えて振り混ぜ、溶き卵を加えて振り混ぜ、片栗粉を加えて振り混ぜる。
2 フライパンにサラダ油を熱し、1を皮面2分、ひっくり返して2分揚げ焼きにする。
3 キッチンペーパーで余分な油を拭き取り、Aを加えて鶏肉にからめる。
4 フライパンから鶏肉を取り出し、Bを加えてひと煮立ちさせ、肉にかける。

フライパン

男性も喜ぶボリューム満点チキンカツ

ささみカツ

材料（1人分）
鶏ささみ…1本
塩、こしょう…各少々
小麦粉…少々
溶き卵…小さじ2
パン粉…大さじ2
乾燥バジル…少々（あれば）
サラダ油…大さじ2
A｜ミニトマト…1個
　｜中濃ソース…大さじ½

作り方
1 クッキングシート（またはラップ）を敷き、ささみをキッチンバサミで観音開きにし、筋を1cm以下の間隔で切る。キッチンバサミの刃を分解し、刃の背を使ってささみを叩き、薄く広げる。
2 ささみ両面に、塩、こしょう、小麦粉、溶き卵、パン粉、乾燥バジルの順にまぶす。
3 フライパンにサラダ油を熱し、2を片面1分30秒ずつ揚げ焼きにする。
4 ささみを取り出し、ハサミで切って皿に盛る。
5 フライパンの余分な油をキッチンペーパーで拭き取り、Aを加えてミニトマトをつぶしながらさっと煮詰める。ソースとしてカツにかける。

1

レンジ

具材に火をしっかり通せば親子丼もお弁当に

レンジで親子丼

材料（1人分）
鶏もも肉…70g
A ┤ かつお節…1g
└ しょうゆ、みりん、砂糖…各小さじ1
片栗粉…少々
玉ねぎ…15g
卵…1個
絹さや…お好みで
（レンジで約10秒加熱しハサミで7mm幅に切る）

作り方
1 玉ねぎはピーラーでスライスする。
2 鶏肉をキッチンバサミで6〜7等分に切り、耐熱皿に入れ、**A**をかけて混ぜる。さらに片栗粉、玉ねぎの順に加えて混ぜる。
3 レンジで約1分加熱する。
4 肉を耐熱皿の端に寄せて、空いたスペースに卵を割り入れ、かき混ぜる。卵全体をよく溶いたら、全体を混ぜ合わせてレンジで約40秒加熱する。
5 4を軽く混ぜ、さらにレンジで30秒加熱する。はしやスプーンで卵と肉に火が通っているのを確認して完成。お好みで絹さやを飾る。

調理
7分

豚肉

（フライパン）（レンジ）

こってり豚バラを酸味あるねぎだれでさっぱり

ねぎだれ豚肉

材料（1人分）
豚バラ薄切り肉…3枚（約70g）
長ねぎ…4cm
片栗粉…小さじ½〜1
こしょう…少々
A 鶏がらスープの素
　　…小さじ¼
　酢、みりん、ごま油
　　…各小さじ1
　レモン汁…小さじ½

作り方
1 長ねぎはキッチンバサミで縦に十字に切り込みを入れてから小口切りにし、みじん切り状にする。
2 豚肉1枚をキッチンバサミで3等分に切る。
3 ポリ袋に2を入れて片栗粉を加えて混ぜる。
4 フライパンを熱して、3を広げてこしょうをかけて裏返し、カリカリになるまで4分焼く。キッチンペーパーの上で油切りをする。
5 耐熱ボウルに1とAを入れて混ぜ、レンジで約1分加熱し、4を加えてあえる。

（フライパン）

ハーブが香るおしゃれミルフィーユカツ

ミラノ風カツレツ

材料（1人分）
豚ロース薄切り肉
　…3〜4枚（約80g）
塩…少々
こしょう、小麦粉…各少々
溶き卵…小さじ2
A 粉チーズ、パン粉
　　…各大さじ1
　乾燥バジル…小さじ1
　溶き卵…小さじ2
サラダ油…大さじ½
中濃ソース…お好みで適量

作り方
1 豚肉を重ねて1枚にし、片面に塩を振り、両面に、こしょう、小麦粉、溶き卵、混ぜ合わせたAを順にまぶす。
2 フライパンにサラダ油を熱し、1を入れ片面を約2分焼く。ひっくり返して、さらに約3分焼く。
3 ハサミでカツを切り、お好みで中濃ソースをかける。

フライパン

甘み、塩味、酸味と、いろんな味が楽しめる

ぺったんはさみ焼き

材料（1人分）
豚ロース薄切り肉
　…2枚（約40g）
スライスチーズ…⅔枚
しその葉…2枚
梅肉（チューブ）…1cm
こしょう…少々
サラダ油…小さじ½
しょうが（チューブ）…1cm
A｜ 酒、みりん…各小さじ1
　｜ しょうゆ、砂糖
　｜ 　…各小さじ½

作り方
1 スライスチーズをキッチンバ
　サミで3つに切り分ける。
2 しその上に1、梅肉をのせて、
　しそで包む。
3 広げた豚肉にこしょうをかけ
て2を置いて、半分に折りた
たむ。肉の周りをトングやス
プーンの先端で押さえてくっ
つける。
4 フライパンにサラダ油を入れ
て熱し、3としょうがを加え
て約2分焼き、裏返して約1
分焼く。
5 フライパンの余分な油をキッ
チンペーパーで拭き取り、A
を加えて煮詰める。
6 焼き上がりをハサミで切り、
5をかける。

フライパン

てりてりでボリューミー！　一口で食べやすい

豚こま揚げの甘辛酢

材料（1人分）
豚こま切れ肉…90g
こしょう…少々
溶き卵…小さじ1
片栗粉…大さじ½
サラダ油…大さじ½
A｜ 酢、砂糖、酒、しょうゆ
　｜ 　…各小さじ1
　｜ しょうが（チューブ）
　｜ 　…1cm

作り方
1 ポリ袋に豚肉を入れ、こしょ
　うを加え振り混ぜる。さらに
　溶き卵を加え振り混ぜ、片栗
　粉を加えてさらに振り混ぜる。
2 フライパンにサラダ油を熱し、
　1を4つの塊にまとめて焼く。
　約2分焼き、焼き目がついた
　ら裏返してさらに約2分焼く。
3 フライパンの余分な油をキッ
　チンペーパーで拭き取り、A
　を加え1分煮詰める。

豚肉

レンジ

調理 **7**分

お肉しっとり、ごはんが進む甘めのみそ味

レンジで回鍋肉（ホイコウロウ）

材料（1人分）
豚バラ薄切り肉…2枚（約40g）
キャベツの葉…1枚（約30g）
ピーマン…1個（約30g）
塩、こしょう…各少々
酒…小さじ2
A 豆板醤…小さじ⅓
　みそ、しょうゆ、砂糖
　　…各小さじ½
　片栗粉…小さじ½
ごま油またはラー油
　…小さじ⅓

作り方
1 キャベツの葉とピーマンは、一口大に手でちぎる。難しければキッチンバサミを使う。
2 豚肉をキッチンバサミで5cm幅に切り、塩、こしょうを振る。耐熱ボウルに重ならないように広げ、酒小さじ1をかける。レンジで約30秒加熱する。
3 2の余分な水分を捨て、さらに酒小さじ1をかけて、キャベツとピーマンをのせてレンジで1分加熱する。
4 3の余分な水分をキッチンペーパーで拭き取り、Aを加えて混ぜ、レンジで約1分30秒加熱する。
5 4にごま油またはラー油をかけて混ぜる。

調理 **8**分

レンジ **フライパン**

お肉の中からねっとりオクラが顔を出す

オクラとえのきのはさみ焼き

材料（1人分）
豚ロース薄切り肉
　…2枚（約40g）
オクラ…1本
えのきだけ…10g
塩、こしょう…各少々
サラダ油…小さじ½
A 酒…小さじ2
　砂糖…小さじ½
　ポン酢しょうゆ…小さじ1
　しょうが（チューブ）…1cm
B マヨネーズ、白すりごま
　　…各小さじ1

作り方
1 オクラのガクをハサミで切り落とし、塩をかけて両手で転がし産毛を取る。耐熱ボウルに入れてレンジで約20秒加熱する。
2 豚肉1枚を広げで、こしょうをかけ、中央にオクラとえのきだけをのせる。もう一枚の豚肉を上からのせて周囲をトングの先やスプーンの先端などで押し付けて閉じる。
3 フライパンにサラダ油を熱し、2を入れて片面を約2分焼く。
4 豚肉をひっくり返して、Aを加えフタをして約2分蒸し焼きにする。
5 フタを取り、Bを加えて約1分炒め合わせるように焼く。
6 焼き上がりはハサミで切る。

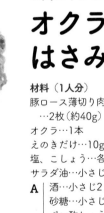

牛肉

フライパン

まるでハッシュドビーフ！ ごはんにかけても◎

ハッシュドビー風

材料（1人分）

牛切り落とし肉…80g

A｜ セロリ…細いところ
　　　5cm（約4g）
　　マッシュルーム…1〜2個
　　　（しめじやエリンギでも）
　　玉ねぎ…20g
　　にんじん…5g

サラダ油…小さじ½

こしょう…少々

B｜ バター（チューブ）…6cm
　　ケチャップ、中濃ソース
　　　…各小さじ1と½
　　はちみつ…少々（あれば）

ミニトマト…2個

作り方

1 セロリ、玉ねぎ、にんじんは
　ピーラーでスライスする。
　マッシュルームは手で4つに
　ちぎる。

2 フライパンにサラダ油を熱し、
　牛肉にこしょうを振って約2
　分焼く。牛肉の色が変わって
　きたら、Aを加えて炒める。

3 2にミニトマトをつぶしなが
　ら加え、Bを加えて煮詰める。

フライパン

スタミナをつけたいときはこのおかず！

かんたん焼肉風

材料（1人分）

牛切り落とし肉…90g

玉ねぎ…30g

サラダ油…小さじ½

こしょう…少々

A｜ 砂糖…小さじ1
　　酒…小さじ½
　　豆板醤…小さじ1と½
　　（トウバンジャン）
　　しょうゆ…小さじ1
　　にんにく（チューブ）
　　　…1cm

作り方

1 玉ねぎは、ピーラーでスライ
　スする。

2 フライパンにサラダ油を熱し、
　牛肉と玉ねぎとこしょうを入
　れて約2分30秒炒める。

3 フライパンの余分な油をキッ
　チンペーパーで拭き取り、A
　を加え約2分30秒煮詰める。

フライパン

調理
8分

和食材の洋風味付けが新鮮！

ごぼうと牛肉の洋風煮

材料（1人分）

牛切り落とし肉…60g
長ねぎ…青い部分10cm（白い
　部分なら5cm）
こしょう…少々
サラダ油…小さじ½
冷凍ごぼう…20g

A｜赤ワイン…大さじ1
　｜ウスターソース、酢、
　｜　しょうゆ…各小さじ½
　｜みりん…小さじ1
　｜にんにく（チューブ）…1cm

作り方

1 長ねぎは、キッチンバサミで
　1cm幅に切る。
2 フライパンにサラダ油を熱し、
　牛肉にこしょうを振って約2
　分炒める。
3 フライパンの余分な油をキッ
　チンペーパーで拭き取り、1
　とごぼうを加えて約2分炒め
　る。
4 3にAを加え煮詰める。

調理
10分

フライパン

卵の衣がシャキシャキアスパラを包み込む

牛アスパラの玉子とじ

材料（1人分）

アスパラガス…2本
溶き卵…約1個分（うち小さじ
　1はAに入れる）

A｜牛切り落とし肉…80g
　｜溶き卵…小さじ1
　｜にんにく（チューブ）
　｜　…1cm
　｜酒、しょうゆ…各小さじ½
　｜片栗粉…小さじ½
　｜こしょう…少々
サラダ油…小さじ½

B｜オイスターソース、砂糖、
　｜　しょうゆ…各小さじ½
　｜酒…小さじ1

作り方

1 アスパラガスは、キッチンバ
　サミで1cm幅の斜め切りにす
　る。
2 Aをすべて混ぜ合わせて、約
　2分おく。
3 フライパンにサラダ油を熱し、
　2を約1分30秒焼き、肉を
　ひっくり返して1を加え、さ
　らに約1分30秒炒める。
4 フライパンの余分な油をキッ
　チンペーパーで拭き取り、B
　を加えて1分30秒炒める。
5 4に溶き卵（Aの残り）を加
　える。卵に火が通ってきたら
　優しく混ぜ、1分30秒炒める。

1

ひき肉

フライパン

みんな大好き、お弁当おかずの王道！

煮込みハンバーグ

材料（1人分）

A 合いびき肉…60g
　絹豆腐…30g
　玉ねぎ、にんじん
　　…各小さじ1
　〈すりおろす〉
　パン粉…大さじ1
　塩…ひとつまみ（約1g）
　こしょう…少々
　溶き卵…大さじ1
サラダ油…小さじ½
赤ワイン
　…大さじ1（なければ酒）
中濃ソース、ケチャップ
　…各小さじ1
ピザ用チーズ…5g

作り方

1 ポリ袋にAを入れて袋の外からこねる。
2 器などを使い、肉をポリ袋の端に寄せて転がし、2等分にしそれぞれを俵形に成形する。（P16参照）
3 ポリ袋の上からキッチンバサミで2つの袋に切り分け取り出す。
4 フライパンにサラダ油を熱し、3を入れて両面に焼き色をつける。
5 赤ワインを加え、フタをして3分蒸し焼きにする。
6 中濃ソースとケチャップを加え煮詰め、ハンバーグの上にチーズをのせてフタをしてチーズが溶けるまで蒸す。

レンジ　　フライパン

パスタにかけてもOKな洋風肉じゃが

ひき肉とトマトの肉じゃが

材料（1人分）

合いびき肉…60g
玉ねぎ…20g
じゃがいも（小さめ）
　…1個（約50g）
サラダ油…小さじ½
ミニトマト…3個

A 白だし…小さじ½
　砂糖、みりん、しょうゆ
　　…各小さじ1
　酒…大さじ1

作り方

1 玉ねぎはピーラーでスライスする。
2 じゃがいもをキッチンペーパーでくるみ、水（分量外）をかける。軽く水けをしぼり、耐熱ボウルに入れてレンジで約2分加熱する。粗熱が取れたら、キッチンバサミで4等分にする。
3 フライパンにサラダ油を熱し、ひき肉を薄く広げ入れ、肉に焼き目がつくまで2分焼き付ける。
4 ミニトマトをつぶしながら加え、玉ねぎと2を加え炒める。
5 Aを加え、煮詰める。

梅キーマカレー

レンジ　　フライパン

レンジ　　フライパン

梅とひじきの和風隠し味。カレーの新定番

梅キーマカレー

調理
10分

材料（1人分）
豚ひき肉…60g
玉ねぎ…20g
乾燥芽ひじき
　…小さじ1（約1g）
水…約250mℓ
　（ひたひたになるまで）
サラダ油…小さじ½

A｜ミックスビーンズ…20g
　｜こしょう…少々
　｜しょうが（チューブ）…1cm

B｜酒、ケチャップ、カレー粉、
　｜中濃ソース…各小さじ1
　｜梅干し…½個（約7g）
　｜〈ハサミで刻む〉

作り方
1 玉ねぎはピーラーでスライスする。
2 耐熱皿にひじきと、水を入れてレンジで約2分加熱しザルにあけて水で洗っておく。
3 フライパンにサラダ油を熱し、ひき肉を薄く広げ入れ、肉に焼き目がつくまで2分焼き付ける。
4 3に1と2とAを加え、炒める。
5 フライパンの余分な油をキッチンペーパーで拭き取り、具材を寄せて、空いたスペースにBを加えさっと焼き付け、全体を混ぜ合わせる。

調理
10分

フライパン

野菜にチーズ…多様な食感を楽しめる一品

野菜チキンバーグ

材料（1人分）
鶏ひき肉…60g
ベビーチーズ…1個
絹豆腐…30g
にんじん、玉ねぎ
　…各小さじ1〈すりおろす〉
冷凍コーン…大さじ1（約8g）
コンソメ顆粒…小さじ⅓
片栗粉…小さじ½
こしょう…少々
サラダ油…小さじ½

作り方
1 チーズはキッチンバサミで8等分にする。
2 ボウルにサラダ油以外の材料をすべて入れ、スプーンで混ぜ合わせて3つの俵形にする。
3 フライパンにサラダ油を加えて熱し、2を加えて片面を約2分焼き、ひっくり返して約1分30秒焼く。
4 水大さじ1（分量外）を加えてフタをし、約2分30秒蒸し焼きにする。

ひき肉

調理
5分

白いごはんに好相性な甘めのそぼろ

レンジで鶏そぼろ

材料（1人分）
鶏ひき肉…60g
酒…小さじ1
A｜みりん…小さじ2
　｜砂糖、しょうゆ
　｜　…各小さじ1
　｜しょうが（チューブ）
　｜　…1cm

作り方
1 耐熱皿にひき肉と酒を入れて混ぜ、レンジで約30秒加熱する。
2 余分な汁けをキッチンペーパーで拭き取り、Aを加えて混ぜ、レンジで約1分加熱する。
3 よく混ぜ、さらにレンジで約1分加熱し、最後にさらにひと混ぜする。

調理
8分

レンジ

えびのプリプリ食感が楽しい！

レンジでえび肉だんご

材料（1人分）
A｜鶏ひき肉…70g
　｜厚揚げ…⅓枚
　｜　〈周りの皮はカットする〉
　｜長ねぎ…5cm
　｜しょうが（チューブ）
　｜　…1cm
　｜オイスターソース、
　｜　しょうゆ…各小さじ½
　｜砂糖…小さじ⅓
　｜片栗粉…小さじ1
B｜冷凍えび…2尾（約25g）
　｜　〈はらわたが処理された
　｜　もの〉
　｜酒…小さじ½
　｜こしょう…少々

作り方
1 長ねぎは、キッチンバサミで縦に十字に切り込みを入れ、小口切りにしてみじん切り状にする。えびは流水で洗う。
2 耐熱ボウルにBを入れてレンジで約30秒加熱する。
3 Aを加えてスプーンで混ぜる。（えびは大きかったらハサミで切る）
4 2つのスプーンを使って3つのだんご状にして耐熱皿に並べ、レンジで約2分加熱する。
5 だんごを裏返してレンジで約1分加熱する。

1

(´・ω・`)ノ

悩まないお弁当の詰め方

よくお弁当をうまく詰めるコツを聞かれます。ここでは私が普段やっている方法を
ご紹介します。お弁当の傷みを防ぐため、少し冷ましてから詰めます。

ごはんを
段々にして詰める

メインをのせる位置にも
薄くごはんを詰めると土
台になってくれ、ズレに
くくなります。メインと
ごはんの仕切りには、し
その葉を使うと見た目も
味もよしです。

ごはん —

メイン —

副菜 —

メインと副菜を入れる
場所を決めておく

ごはん、メイン、副菜2
つが3つのブロックにな
るように、それぞれ詰め
ます。玉子以外の副菜は
味が異なるので、混ざら
ないようにカップを使い
ます。

おかずの一番上だけ
立体的に詰める

少々荒っぽく詰めても一
番上のおかずだけ動きを
出して重ねてのせると、
見映えがよくなります。
最後にミニトマトをポン
とのせて完成。

大好きな
麦と黒米のごはん

麦ごはんや黒米が大好
きなので、よく混ぜて
炊き込みます。おかず
に合わせて、白米、胚
芽米、麦ごはん、黒米
ごはんのローテーショ
ンで回しています。

小分けにした
冷凍ごはんを活用

黒米ごはんは夫が嫌が
るので、自分だけのた
めに炊いて冷凍。朝レ
ンチンして詰めます。
ジップロックのコンテ
ナーはごはんがスイス
イすくえて便利。

甘酸っぱいチキン南蛮と慣れ親しんだ和風味の副菜の組み合わせ。肉、野菜、卵と栄養バランスが整っているのもうれしい。
弁当箱／サブヒロモリ ミコノスタイトランチ1段 ベージュ

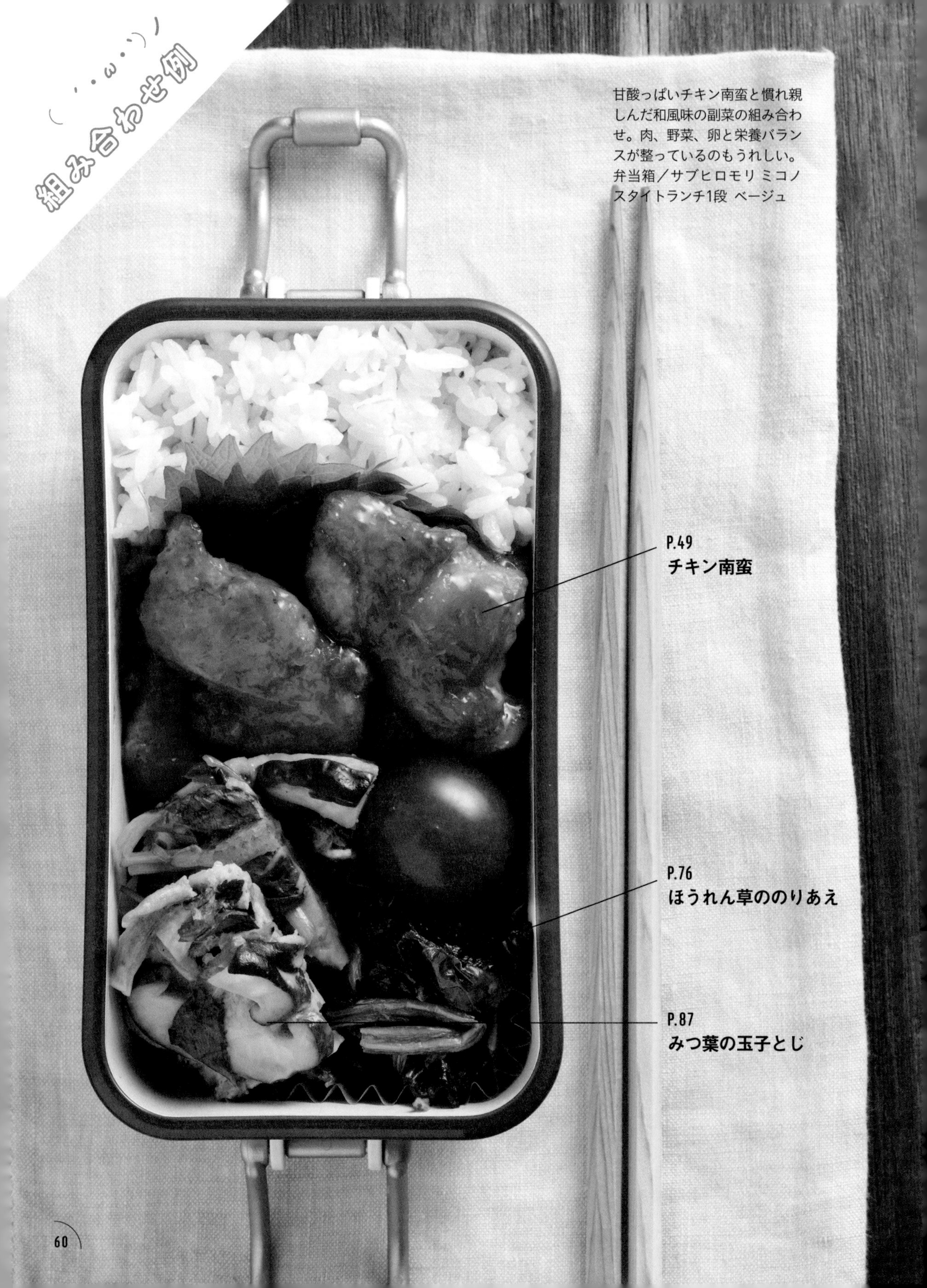

P.49
チキン南蛮

P.76
ほうれん草ののりあえ

P.87
みつ葉の玉子とじ

P.53
レンジで回鍋肉

味付け濃いめの回鍋肉は、白米にぴったり。副菜、
メインにもふんだんに野菜が使われているので、
野菜不足さんにも最適。弁当箱／スケーター ふ
わっと盛れる アルミ製 弁当箱 600㎖ シルバー

P.87
トースター玉子

P.79
パプリカとアスパラの
マスタード炒め

P.77
小松菜と油揚げあえ

P.80
かぼちゃのバター焼き

P.57
梅キーマカレー

ちょっぴり梅の風味が香るキー
マカレーには、油揚げのような
和食材も、かぼちゃとバターの
ような洋風の味付けもどちら
もぴたりとハマる。 弁当箱／
ZEBRA ステンレス オーバル
ランチボックス 15㎝

サケ

フライパン

香ばしいサケを玉ねぎポン酢でさっぱりいただく

サケと玉ねぎの
バターポン酢焼き

材料（1人分）
生サケ…1切れ（約90g）
玉ねぎ…20g
塩、こしょう…各少々
小麦粉…小さじ1
サラダ油…小さじ½
A｜ポン酢しょうゆ
　｜　…大さじ½
　｜バター（チューブ）…6cm
　｜酒…小さじ1

作り方
1 玉ねぎはピーラーでスライスする。
2 サケをキッチンバサミで3〜4つに切り、ポリ袋に入れ、塩、こしょうを加えて振り混ぜ、小麦粉を加えて振り混ぜる。
3 フライパンにサラダ油を熱し、2を皮目を下にして入れ約2分焼き、裏返して約1分焼く。
4 フライパンの余分な油をキッチンペーパーで拭き取り、1とAを加えて炒め合わせる。

フライパン

隠し味のカレー粉がほんのりスパイシー！

サケの洋風南蛮漬け

材料（1人分）
生サケ…1切れ（約90g）
セロリの葉…1枚
　（茎の薄切りでもOK）
にんじん…5g
玉ねぎ…20g
オリーブオイル…大さじ½
A｜カレー粉…小さじ½
　｜小麦粉…小さじ1
サラダ油…大さじ1
B｜粒マスタード…小さじ½
　｜カレー粉…小さじ½
　｜にんにく（チューブ）
　｜　…1cm
　｜酢または白ワインビネガー
　｜　…大さじ1と½

作り方
1 セロリの葉は手で小さくちぎり、玉ねぎとにんじんはピーラーでスライスする。
2 サケをキッチンバサミで3〜4つに切り、ポリ袋に入れAを加えて振り、混ぜ合わせる。
3 フライパンにサラダ油を熱し、2を皮目を下にして入れ、途中返しながら約2分半揚げ焼きにする。
4 フライパンの余分な油をキッチンペーパーで拭き取り、サケを端に寄せて1とオリーブオイルを加え炒める。
5 4にBを加え、全体を混ぜ合わせ煮詰める。

調理
10分

フライパン　トースター

ハーブが香るパン粉がサケをアップデート

サケのパン粉焼き

材料（1人分）
生サケ…1切れ（約90g）
A｜ハーブソルト…小さじ½
　｜（または塩少々）
　｜こしょう…少々
マヨネーズ…大さじ½
B｜パン粉…大さじ1
　｜粉チーズ、乾燥バジル
　｜…各小さじ1
サラダ油…小さじ⅓

作り方
1 サケをキッチンバサミで3〜4つに切り、ポリ袋に入れAを入れて振り混ぜる。マヨネーズを加えて振り混ぜ、Bを加えてさらに振り混ぜる。
2 フライパンにフライパン用ホイルを敷き、サラダ油を塗りのばし、1の皮目を下に向けて並べる。ひっくり返さずに約2分30秒焼く。
3 皮目がしっかり焼けたら、ホイルごとトースター皿に移して、トースターで約5分焼く。

調理
8分

レンジ　フライパン

ほっくりじゃが×バター＆チーズの名脇役

サケとじゃがいもの
バターチーズ焼き

材料（1人分）
生サケ…1切れ（約90g）
じゃがいも…50g
酒…小さじ1
ハーブソルト
　…小さじ¼（または塩少々）
こしょう…少々
小麦粉…小さじ¼
サラダ油…小さじ½
バター（チューブ）…10cm
しょうゆ…小さじ½
ピザ用チーズ
　…大さじ1（約10g）

作り方
1 キッチンペーパーでくるんで水（分量外）をかけたじゃがいもを耐熱ボウルに入れ、レンジで約2分加熱する。粗熱が取れたらキッチンバサミで4〜6等分に切る。
2 サケをキッチンバサミで3〜4つに切り、酒をかけて軽く混ぜ、1〜2分おく。
3 2の水けを拭き取りポリ袋に入れ、ハーブソルトとこしょうを加え振り混ぜる。小麦粉を入れ、さらに振り混ぜる。
4 フライパンにサラダ油を熱し、3を皮目を下にして入れ約2分焼き、裏返して約1分焼く。
5 フライパンの余分な油をキッチンペーパーで拭き取り、1とバターを加え、1分30秒炒める。
6 しょうゆを加えてさっと火を通し、チーズをのせてフタをして火を止め、チーズが溶けるまで蒸す。

フライパン

ママレードでマイルドな味付けに

サケのママレード
しょうゆソテー

調理
7分

材料（1人分）
生サケ…1切れ（約90g）
酒…小さじ1
塩、こしょう…各少々
小麦粉…小さじ½
サラダ油…小さじ½
A │ オレンジママレード、
　　│ 　しょうゆ…各小さじ½
　　│ レモン汁…小さじ1
　　│ バター（チューブ）…6cm
　　│ にんにく（チューブ）
　　│ 　…1cm

作り方
1 サケをキッチンバサミで3〜
　4つに切り、酒を振り、1〜2
　分置く。
2 サケの汁けをキッチンペー
　パーで拭き取り、ポリ袋に入
　れ、塩、こしょうを入れて振
　り混ぜる。さらに小麦粉を加
　え、振り混ぜる。
3 フライパンにサラダ油を熱し、
　2を皮目を下にして入れ2分
　焼き、裏返して1分焼く。
4 フライパンの余分な油をキッ
　チンペーパーで拭き取り、**A**
　を加えてからめながら焼く。

調理
8分

フライパン

卵の衣でサケをボリュームアップ！

サケのピカタ

材料（1人分）
生サケ…1切れ（約90g）
酒…小さじ1
A │ チリパウダー、ガーリック
　　│ 　パウダー、塩、こしょう、
　　│ 　小麦粉…各小さじ½
B │ 溶き卵…大さじ1
　　│ 粉チーズ…大さじ½〜1
サラダ油…小さじ1

作り方
1 サケをキッチンバサミで3〜
　4つに切り、酒を振り、1〜2
　分置く。
2 汁けを軽く拭き取りポリ袋に
　入れ、**A**を加えて振り混ぜる。
　Bを加えてよく振り混ぜる。
3 フライパンにサラダ油を熱し、
　2を皮目を下にして入れ約2
　分焼き、裏返してさらに約2
　分焼く。

タラ

レンジ　フライパン

トマトがきいたイタリアンメインディッシュ

タラのトマトバター焼き

材料（1人分）
生タラ…1切れ（約90g）
ハーブソルト…小さじ⅓
　（または塩少々）
こしょう…少々
小麦粉…小さじ¼
ミニトマト…2個
サラダ油…小さじ½
A｜バター（チューブ）…10cm
　｜にんにく（チューブ）
　｜　　…1cm

作り方
1 タラをキッチンバサミで3つに切りポリ袋に入れ、ハーブソルトとこしょうを入れて振り混ぜ、小麦粉を加えてさらに振り混ぜる（タラは崩れやすいので、優しく扱う）。
2 ミニトマトにキッチンバサミで切り込みを入れて、耐熱皿に入れレンジで約30秒加熱する。
3 フライパンにサラダ油を熱し1を皮目を下にして入れ2分焼き、裏返して1分焼く。
4 フライパンの余分な油をキッチンペーパーで拭き取り、2とAを加え、煮詰める。

フライパン

セロリと合わせることでいつもと違う表情に

タラとセロリの オイスターソース焼き

材料（1人分）
生タラ…1切れ（約90g）
セロリ…10g（上の細い方、葉があってもOK）
こしょう…少々
片栗粉…小さじ1
サラダ油…小さじ½
A｜ケチャップ…小さじ1
　｜オイスターソース、レモン
　｜　汁…各小さじ½
　｜酒…大さじ1

作り方
1 セロリの葉は手で小さくちぎり、茎の部分はキッチンバサミで1cm幅に切る。
2 タラをキッチンバサミで3つに切りポリ袋に入れ、こしょうを入れて振り混ぜ、片栗粉を加えてさらに振り混ぜる（タラは崩れやすいので、優しく扱う）。
3 フライパンにサラダ油を熱し、2を皮目を下にして入れ、2分焼く。裏返して1分焼く。
4 フライパンの余分な油をキッチンペーパーで拭き取り、1とAを加えて煮詰める。

【 フライパン 】

シンプルな味付けでふっくらタラを味わう

タラのめんポン焼き

材料（1人分）
生タラ…1切れ（約90g）
長ねぎ…4cm
片栗粉…小さじ1
サラダ油…小さじ½
A ┃ ポン酢しょうゆ、酒
　　┃　…各小さじ1
　　┃ めんつゆ（2倍濃縮）
　　┃　…小さじ2
　　┃ しょうが（チューブ）
　　┃　…1cm

作り方
1 長ねぎは、キッチンバサミで縦に十字に切り込みを入れ、小口切りにしてみじん切り状にする。
2 タラをキッチンバサミで3つに切りポリ袋に入れ、片栗粉を加えて振り混ぜる（タラは崩れやすいので、優しく扱う）。
3 フライパンにサラダ油を熱し、2の皮目を下にして入れ、2分焼く。裏返して1分焼く。
4 フライパンの余分な油をキッチンペーパーで拭き取り、1とAを加えてからめながら焼く。

【 フライパン 】【 トースター 】

玉ねぎのシャキシャキ感がアクセント！

タラのマヨ焼き

材料（1人分）
生タラ…1切れ（約90g）
玉ねぎ…10g
A ┃ マヨネーズ…大さじ½
　　┃ こしょう…少々
塩、こしょう…各少々
小麦粉…小さじ½

作り方
1 玉ねぎはピーラーでスライスし、つぶしながらAと混ぜ合わせる。
2 タラをキッチンバサミで3つに切りポリ袋に入れ、塩、こしょうを入れて振り混ぜ、小麦粉を加えてさらに振り混ぜる（タラは崩れやすいので、優しく扱う）。
3 フライパンにフライパン用ホイルを敷いて熱し、2を皮目を下にして入れ、2分焼く。裏返して1分焼く。
4 ホイルごとトースター皿に移し、タラの上に1をかけて約5分加熱する。

ぶり

フライパン

照り照りと輝くぶりが食欲をそそる

ぶりの
バターしょうゆ焼き

材料（1人分）
ぶり…1切れ（約90g）
酒…小さじ1
にんにく（チューブ）…1cm
こしょう…少々
小麦粉…小さじ½
サラダ油…小さじ½
A｜バター（チューブ）…6cm
　｜オイスターソース、砂糖、
　｜　しょうゆ…各小さじ½
　｜酢…小さじ1

作り方
1 ぶりをキッチンバサミで3〜4つに切り、酒を振って1〜2分おく。汁けをキッチンペーパーで軽く拭き取り、ポリ袋に入れ、にんにく、こしょうを入れて振り混ぜ、小麦粉を加えてさらに振り混ぜる。
2 フライパンにサラダ油を熱して1を入れ、皮目を約2分、裏返して1分焼く。
3 フライパンの余分な油をキッチンペーパーで拭き取り、Aを加えてからめながら焼く。

フライパン

まろやかな酸味の優しい味付け

ぶりの甘酢焼き

材料（1人分）
ぶり…1切れ（約90g）
酒…小さじ1
しょうが（チューブ）…1cm
こしょう…少々
片栗粉…小さじ2
サラダ油…小さじ2
A｜オイスターソース、
　｜　しょうゆ、酢
　｜　…各小さじ½
　｜みりん…小さじ1

作り方
1 ぶりをキッチンバサミで3〜4つに切ってポリ袋に入れ、酒を振って1〜2分おく。汁けをキッチンペーパーで軽く拭き取り、しょうが、こしょうを入れて振り混ぜ、片栗粉を加えてさらに振り混ぜる。
2 フライパンにサラダ油を熱して1を入れ、時々返しながら約5分焼く。
3 フライパンの余分な油をキッチンペーパーで拭き取り、Aを加えからめながら焼く。

ぶり

フライパン

脂ののったぶり&こってり味のみその名コンビ

ぶりの酢みそ焼き

材料（1人分）
ぶり…1切れ（約90g）
酒…小さじ1
こしょう…少々
しょうが（チューブ）…1cm
片栗粉…小さじ1
サラダ油…小さじ1
A｜酢、みりん、みそ
　｜　…各小さじ1
　｜しょうゆ…小さじ½

作り方
1 ぶりをキッチンバサミで3〜4つに切ってポリ袋に入れ、酒を振って1〜2分おく。汁けをキッチンペーパーで拭き取り、こしょう、しょうがを入れて振り混ぜ、片栗粉を加えてさらに振り混ぜる。
2 フライパンにサラダ油を熱して1を入れ、皮目を下にして2分、ひっくり返して1分焼く。
3 フライパンの余分な油をキッチンペーパーで拭き取り、Aを加えてからめながら焼く。

フライパン

マヨ味にごまの香りがふんわり

ぶりのごまマヨ焼き

材料（1人分）
ぶり…1切れ（約90g）
酒…小さじ1
しょうが（チューブ）…1cm
こしょう…少々
片栗粉…小さじ1
サラダ油…小さじ½
A｜豆板醤、みそ、砂糖
　｜　…各小さじ½
　｜みりん…小さじ1
　｜マヨネーズ…小さじ½
白すりごま…大さじ½

作り方
1 ぶりをキッチンバサミで3つに切りポリ袋に入れ、酒を振って1〜2分おく。汁けをキッチンペーパーで拭き取り、しょうが、こしょうを入れて振り混ぜ、片栗粉を加えてさらに振り混ぜる。
2 フライパンにサラダ油を熱して1を入れ、皮目を下にして約2分、裏返して1分焼く。
3 フライパンの余分な油をキッチンペーパーで拭き取り、Aを加えてからめながら焼く。
4 白すりごまを加えて、全体にからめてさっと焼く。

めかじき

〔 フライパン 〕

すりおろし玉ねぎだれの甘みが絶妙

めかじきの
オニオンソース炒め

材料（1人分）
めかじき…1切れ（約90g）
こしょう…少々
片栗粉…小さじ1
サラダ油…小さじ½
A｜ にんにく（チューブ）…1cm
　｜ 砂糖、しょうゆ、酢、
　｜　玉ねぎ（すりおろす）
　｜　…各小さじ1
　｜ 酒…大さじ1

作り方
1 めかじきをキッチンバサミで
　4つに切ってポリ袋に入れ、
　こしょうを入れて振り混ぜ、
　片栗粉を加えてさらに振り混
　ぜる。
2 フライパンにサラダ油を熱し
　て**1**を入れ、時々返しながら
　約3分焼く。
3 フライパンの余分な油をキッ
　チンペーパーで拭き取り、**A**
　を加えてからめながら煮詰め
　る。

〔 フライパン 〕

しっかりカレー味！　スパイス香る濃厚ソース

めかじきのカレー炒め

材料（1人分）
めかじき…1切れ（約90g）
こしょう…少々
溶き卵…大さじ1
片栗粉…小さじ1と½
サラダ油…小さじ2
アスパラガス…1本
A｜ オイスターソース、
　｜　カレー粉…各小さじ½
　｜ ケチャップ…小さじ1
　｜ 酒…大さじ1

作り方
1 アスパラガスをキッチンバサ
　ミで2cm幅の斜め切りにする。
2 めかじきをキッチンバサミで
　4つに切ってポリ袋に入れ、
　こしょうを入れて振り混ぜ、
　溶き卵を加えて振り混ぜる。
　さらに片栗粉を加えて振り混
　ぜる。
3 フライパンにサラダ油を熱し
　て**2**を入れ、時々返しながら
　約2分焼く。
4 余分な油を拭き取り、アスパ
　ラガスを加え、1分炒める。
5 フライパンの空いているとこ
　ろで**A**を炒め、全体をさっと
　炒め合わせる。

(・ω・)ノ 組み合わせ例

P.75
ブロッコリーの梅おかかあえ
P.79
パプリカのごまチーズ焼き
P.48
バターチキンカレー
Afternoon Tea

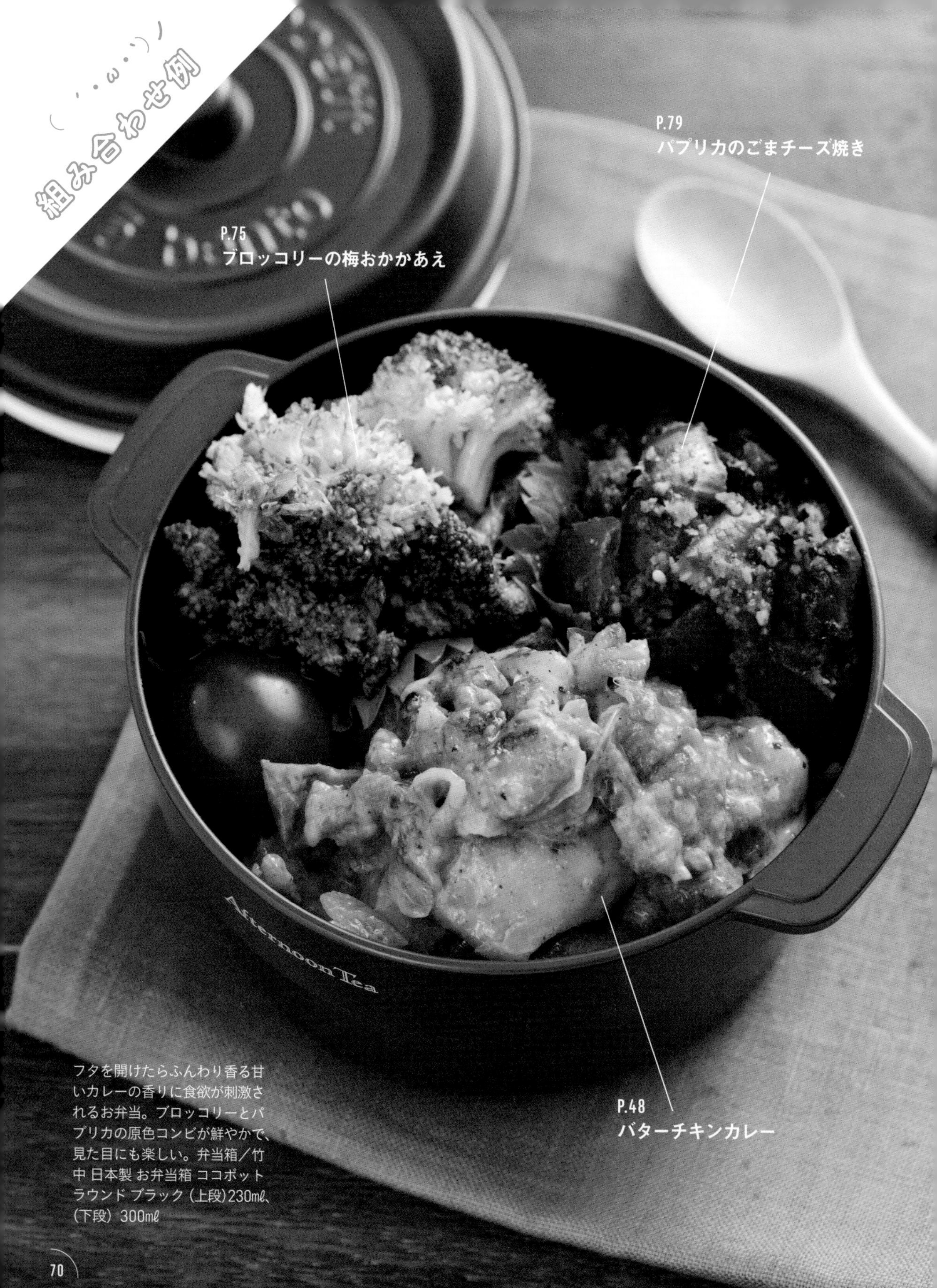

フタを開けたらふんわり香る甘いカレーの香りに食欲が刺激されるお弁当。ブロッコリーとパプリカの原色コンビが鮮やかで、見た目にも楽しい。弁当箱／竹中 日本製 お弁当箱 ココポット ラウンド ブラック（上段）230mℓ、（下段）300mℓ

P.65
タラのトマトバター焼き

しょうがが香るピーマン、ごまのコクとほんのり酢が効いたにんじん、と大人味の副菜には、マイルドなトマトバター味のメインの組み合わせが◎。弁当箱／サブヒロモリ フルーシー オーバルタイト1段 ブルーベリー。

P.81
にんじんのごま酢ナムル風

P.74
ピーマンのしょうが漬け

P.89
赤しそポテサラ

甘酸っぱく焼いたぶりや赤しその酸味が効いた和風ポテトサラダの組み合わせには、わっぱのお弁当箱に、しその葉をあしらうのがお似合い。弁当箱／大館工芸社 小判弁当（小）

P.75
ブロッコリーのオーロラソース焼き

P.67
ぶりの甘酢焼き

71

(´・ω・`)ノ

厚揚げは、メインとしても副菜としても活躍

厚揚げは、ヘルシーなのにタンパク質も豊富で、ボリュームもアップしてくれる優れもの。
肉や魚のように冷めても固くならないのもうれしい。

厚揚げを使えば崩れ知らずの麻婆豆腐に
厚揚げ麻婆豆腐

材料（1人分）
豚ひき肉…30g
厚揚げ…⅓枚
長ねぎ…5cm
サラダ油…小さじ1
A｜ 豆板醤（トウバンジャン）…小さじ½
　｜ にんにく、しょうが
　｜ （チューブ）…各1cm
B｜ 砂糖、みそ…各小さじ½
　｜ しょうゆ…小さじ⅓
　｜ 酒…大さじ1

作り方
1 長ねぎはキッチンバサミで縦に十字に切り込みを入れ、小口切りにしてみじん切り状にする。
2 厚揚げをキッチンペーパーで包んで水（分量外）をかけ、耐熱皿に入れ、レンジで約30秒加熱する。粗熱が取れたら、新しいキッチンペーパーで水けを拭き取り、手で8つにちぎる。
3 フライパンにサラダ油を弱火で熱し、1とAを入れて香りが出るまで炒める。
4 3にひき肉を薄く広げ入れ、肉に焼き目がつくまで2分焼き付ける。
5 2を加えてさらに1分炒める。
6 5にBを加えて混ぜ、1分炒める。

材料（1人分）
豚ロース薄切り肉
　…2枚（約40g）
厚揚げ…⅓枚
しその葉…1枚
こしょう…少々
梅肉（チューブ）…2cm
サラダ油…小さじ½
A｜ しょうが（チューブ）
　｜ …1cm
　｜ 砂糖、酒、みりん、
　｜ しょうゆ…各小さじ1

作り方
1 厚揚げをキッチンペーパーで包んで水（分量外）をかけ、耐熱皿に入れ、レンジで約30秒加熱する。粗熱が取れたら、新しいキッチンペーパーで水けを拭き取り、手で2つにちぎる。
2 しその葉をキッチンバサミで縦2つに切る。
3 豚肉にこしょうを振り、肉の上端にしその葉半分、梅肉1cm分、厚揚げの順で重ね、豚肉で巻きつけていく。同様にもう1つ作る。
4 フライパンにサラダ油を熱し、3を入れ、時々返しながら約4分焼く。
5 キッチンペーパーで余分な油を拭き取り、Aを加えて煮詰め、からめる。

ボリューム満点なのにヘルシーなのがうれしい
厚揚げの肉巻き

タイ料理のパッタイ好きに作って欲しい！
厚揚げのアジアン炒め

材料（1人分）
厚揚げ…½枚
冷凍えび…2尾〈はらわたが
　処理されたもの〉
もやし…40g
長ねぎ…10cm（緑の部分）
サラダ油…小さじ1
A｜ オイスターソース、
　｜ ママレード、しょうゆ
　｜ …各小さじ½
　｜ 酢…小さじ1
レモン汁…小さじ½

作り方
1 冷凍えびは水で洗って周りの霜を軽く落とし、キッチンペーパーで水けを取る。もやしは耐熱皿に入れてレンジで約1分加熱し、キッチンペーパーで水けを拭き取る。長ねぎはキッチンバサミで1cm幅の輪切りにする。
2 厚揚げをキッチンペーパーで包んで水（分量外）をかけ、耐熱皿に入れて、レンジで約30秒加熱する。粗熱が取れたら、新しいキッチンペーパーで水けを拭き取り、手で10個くらいにちぎる。フライパンにサラダ油を熱し、厚揚げを約1分30秒炒める。
3 えびを加え、火が通ったらAを加えて混ぜ合わせながら1分30炒める。
4 もやしと長ねぎを加えて1分炒める。
5 火を止め、レモン汁を振り、混ぜる。

Part 3

材料別
サブのおかず
バリエ

(･`ω･´)ノ

野菜や卵などを使ったサブのおかずです。
材料別に味のパターンを網羅したので
ぜひあなたのお気に入りを見つけてください。

＊調理時間は単品で作った時の目安です。

ピーマン

ヘタを手で押して、種を取り除いておく。キッチンバサミで細切りにする、または手でちぎる。

レンジ

調理 **3**分

ごま油の香りと塩昆布のうまみがやみつき

ピーマンの塩昆布あえ

材料（1人分）
ピーマン…1個（約30g）
A│塩昆布…小さじ1（1g）
│ごま油、白いりごま
│…各小さじ½

作り方
1 ピーマンはキッチンバサミで細切りにして耐熱皿に入れる。レンジで約1分加熱する。
2 キッチンペーパーで水けを拭き取り、Aを加えてあえる。

調理 **7**分

レンジ トースター

香ばしく焼いたえのきが風味を添えるバター味

ピーマンの焼きえのきあえ

材料（1人分）
ピーマン…1個（約30g）
えのきだけ…20g
バター（チューブ）…6cm
A│鶏がらスープの素…少々
│ごま油…小さじ⅓

作り方
1 ピーマンはキッチンバサミで細切りにして耐熱皿に入れる。レンジで約1分加熱し、水けをキッチンペーパーで拭き取る。
2 えのきだけはキッチンバサミで3等分にし、バターをのせてトースターで約5分加熱する。
3 1と2、Aを混ぜ合わせる。

トースター　ピーマンの苦みとしょうがの風味で大人味

ピーマンのしょうが漬け

材料（1人分）
ピーマン…1個（約30g）
ごま油…小さじ1
A│しょうが（チューブ）…1cm
│かつお節…ひとつかみ
│　（約1g）
│めんつゆ（2倍濃縮）
│…小さじ1

作り方
1 ピーマンは2cm大くらいにちぎって耐熱皿に入れる。
2 ごま油をまわしかけ、トースターに入れて約8分加熱する。
3 2とAを混ぜ合わせる。

調理 **10**分

調理 **10**分

トースター　豆板醤がきいて辛うま！おつまみにも！

ピーマンとなすのみそ炒め

材料（1人分）
ピーマン…½個（約15g）
なす…¼本（約20g）
A│豆板醤…小さじ⅓
│白すりごま、マヨネーズ
│…各小さじ1
│みそ…小さじ½

作り方
1 ピーマンは2cm大くらいにちぎる。なすはキッチンバサミで小さめの乱切りにする。
2 1をよく混ぜ、トースター皿に重ならないように並べ、Aをかける。
3 2をトースターで途中一度混ぜながら8分焼く。

ブロッコリー

冷凍ブロッコリーを耐熱皿に入れてレンジで加熱する。キッチンペーパーで水けを拭き取っておく。大きかったらハサミで切り込みを入れて手で裂く。

調理 **3**分

(レンジ)

梅とかつおでホッと一息。はし休め副菜

ブロッコリーの梅おかかあえ

材料（1人分）
冷凍ブロッコリー
　…3〜4個（約50g）
A｜梅肉（チューブ）…1cm
　｜かつお節…1g
　｜鶏がらスープの素
　｜　…小さじ¼
　｜酢、ごま油…各小さじ½

作り方
1 ブロッコリーを耐熱皿に入れレンジで約1分30秒加熱する。
2 キッチンペーパーで水けを拭き取り、Aを加えてあえる。

調理 **10**分

(レンジ)(トースター)

ケチャップ＋マヨ＋チリの濃厚な味わい

ブロッコリーのオーロラソース焼き

材料（1人分）
冷凍ブロッコリー
　…3〜4個（約50g）
冷凍コーン
　…大さじ½（約6g）
A｜ケチャップ…小さじ½
　｜マヨネーズ…小さじ1
　｜チリパウダー…少々

作り方
1 ブロッコリーとコーンを耐熱皿に入れてレンジで約1分加熱する。
2 キッチンペーパーで1の水けを拭き取り、Aを加えてあえる。
3 トースター皿に移し、トースターで約5分加熱する。

(レンジ)(トースター)　マスタードマヨのこってり味

調理 **8**分

ブロッコリーのマスタードあえ

材料（1人分）
冷凍ブロッコリー
　…2個（約35g）
えのきだけ…20g
バター（チューブ）…6cm
鶏がらスープの素…少々
A｜粒マスタード…小さじ⅓
　｜マヨネーズ…小さじ1

作り方
1 えのきだけはキッチンバサミで4等分にし、バターをのせトースターで約5分加熱する。
2 ブロッコリーを耐熱皿に入れレンジで約1分30秒加熱する。
3 キッチンペーパーで2の水けを拭き取り、鶏がらスープの素を加えて混ぜる。
4 1と3、Aを混ぜる。

ほうれん草

冷凍ほうれん草を耐熱皿に入れて
レンジで加熱する。
キッチンペーパーで水けを拭き取る。

調理 **5**分

（レンジ） ベーコンの塩味にほのかに甘みを感じられる

ほうれん草のベーコンチーズあえ

材料（1人分）
冷凍ほうれん草…30g
玉ねぎ…10g
ベーコン…½枚
A｜粉チーズ…小さじ1
　｜こしょう…少々
　｜オリーブオイル…小さじ½

作り方
1 玉ねぎはピーラーでスライスする。ベーコンは手で小さめにちぎる。
2 ほうれん草と1を耐熱皿に入れてレンジで約1分30秒加熱する。
3 キッチンペーパーで水けを拭き取り、Aを加えて混ぜる。

（レンジ）（トースター） 毎日でも食べられそうな慣れ親しんだ味わい

ほうれん草のおかか焼き

材料（1人分）
冷凍ほうれん草…30g
かつお節…1g
マヨネーズ、めんつゆ
　（2倍濃縮）…各小さじ½

作り方
1 ほうれん草を耐熱皿に入れてレンジで約1分加熱する。
2 キッチンペーパーで水けを拭き取り、マヨネーズを加えて混ぜ、かつお節をかける。
3 トースター皿に広げ入れ、トースターで約3分加熱する。
4 めんつゆを加えて混ぜる。

調理 **6**分

（レンジ） シンプルにのりが合う！

ほうれん草ののりあえ

材料（1人分）
冷凍ほうれん草…30g
酒…小さじ1
A｜鶏がらスープの素…少々
　｜しょうゆ…小さじ¼
　｜酢、ごま油…各小さじ½
のり…三つ切1枚

作り方
1 ほうれん草を耐熱皿に入れて酒を振り、レンジで約1分30秒加熱する。
2 キッチンペーパーで水けを拭き取り、Aを加え、のりをちぎりながら加えて混ぜる。

調理 **3**分

（レンジ） ツナのうまみとごま油の香りがアクセント

ツナとほうれん草の塩昆布あえ

材料（1人分）
A｜冷凍ほうれん草…30g
　｜ツナ（有塩オイル）
　｜　…小さじ2（約10g）
玉ねぎ…5g
B｜塩昆布…1g
　｜砂糖…小さじ⅓
　｜ごま油…小さじ½

作り方
1 玉ねぎはピーラーでスライスする。
2 1とAを耐熱皿に入れてレンジで約1分加熱する。
3 キッチンペーパーで水けを拭き取り、Bを加えて混ぜる。

調理 **5**分

小松菜

キッチンバサミで切る。

調理
5分

（フライパン） オイスターしょうゆ味の中華風副菜

小松菜のオイスター炒め

材料（1人分）
小松菜…1株（40g）
サラダ油…小さじ½
もやし…30g
A｜オイスターソース…少々
　｜鶏がらスープの素…小さじ¼
　｜レモン汁、しょうゆ…各小さじ½

作り方
1 小松菜をキッチンバサミで3cm幅に切る。
2 フライパンにサラダ油を熱し、もやしを入れて2分炒める。
3 1を加えて1分炒める。
4 Aを加えてさっと炒め合わせる。

調理
6分

（レンジ）（トースター） こんがり焼けた油揚げに味がじゅわっと染み込む

小松菜と油揚げあえ

材料（1人分）
小松菜…1株（約40g）
油揚げ…½枚（約10g）
みりん…小さじ1
A｜しょうが（チューブ）…1cm
　｜めんつゆ（2倍濃縮）
　｜　…小さじ1と½
　｜七味唐辛子…お好みで

作り方
1 小松菜はキッチンバサミで2等分に切り、耐熱皿に入れてレンジで約1分加熱する。
2 ザルにあけて冷水をかけ、しぼって水けを切り、キッチンバサミで3cm幅に切る。
3 油揚げをキッチンバサミで細切りにし、トースター皿に入れ、みりんをかけてトースターで約3分加熱する。
4 2と3、Aを混ぜ合わせる。

（レンジ） しいたけとおかかの和風だし味

小松菜としいたけのおかかあえ

調理
5分

材料（1人分）
小松菜…1株（40g）
A｜しいたけ…1個
　｜かつお節…1g
　｜みりん、しょうゆ、水
　｜　…各小さじ1

作り方
1 小松菜はキッチンバサミで2等分に切る。しいたけの軸は裂き、カサはハサミで5mm幅に切る。
2 1と混ぜ合わせたAをそれぞれ耐熱皿に入れて、2つ同時にレンジで約1分30秒加熱する。
3 小松菜をザルにあけて冷水をかけ、しぼって水けを切り、キッチンバサミで3cm幅に切る。
4 3に2を加えてあえる。

（レンジ） 疲れたときに食べたい酸味の効いたおかず

小松菜のごま酢あえ

材料（1人分）
小松菜…1株（40g）
A｜白すりごま…小さじ2
　｜酢…小さじ½
　｜しょうゆ、砂糖
　｜　…各小さじ⅓

作り方
1 小松菜はキッチンバサミで2等分に切り、耐熱皿に入れてレンジで約1分加熱する。
2 1をザルにあけて冷水をかけ、しぼって水けを切り、キッチンバサミで3cm幅に切る。
3 2にAを加えてあえる。

調理
3分

キャベツ

キャベツの葉は手でちぎり、
芯はキッチンバサミで斜め切りにする。

レンジ

みんな大好き！ さっぱりツナマヨ味

キャベツのごまポン

調理 **3**分

材料（1人分）
キャベツの葉…1枚（30g）
A
ツナ（有塩オイル）
…小さじ2（10g）
ポン酢しょうゆ、
マヨネーズ…各小さじ1
白すりごま…小さじ2

作り方
1 キャベツを耐熱皿に入れてレンジで約
1分加熱する。
2 キッチンペーパーで水けを拭き取り、
Aを加えてあえる。

調理 **4**分

レンジ

柚子の風味が豊かな上品な味わい

キャベツとにんじんの浅漬風

材料（1人分）
キャベツの葉…1枚（30g）
にんじん…10g
A
白だし…小さじ½
酢…小さじ1
柚子こしょう（チューブ）
…5mm

作り方
1 にんじんはピーラーでスライスする。
2 キャベツと1を耐熱皿に入れてレンジ
で約1分30秒加熱する。
3 キッチンペーパーで水けを拭き取り、
Aを加えてあえる。

トースター

レモンの爽やかな香りを楽しんで

焼きキャベツレモン風味

調理 **9**分

材料（1人分）
キャベツの葉…2枚（約60g）
サラダ油…小さじ½
A
レモン汁、鶏がらスープの
素、ごま油、こしょう
…各少々

作り方
1 キャベツにサラダ油を混ぜて、トース
ター専用皿にのせ、トースターで約7
分加熱する。
2 Aを加えて混ぜる。

調理 **4**分

レンジ うまみを吸った揚げ玉が悪魔級のおいしさ！

キャベツのめんつゆ漬け

材料（1人分）
キャベツの葉…1枚（30g）
ちくわ…½本
みりん…小さじ1
乾燥桜えび…1g
A
揚げ玉…大さじ1（2g）
めんつゆ（2倍濃縮）
…小さじ1
マヨネーズ…小さじ½

作り方
1 ちくわはキッチンバサミで輪切りにし、
耐熱皿に入れる。みりんをかけてちく
わとあえる。
2 1にキャベツと桜えびを加えて、レン
ジで約1分加熱する。
3 キッチンペーパーで水けを拭き取り、
Aを加えてあえる。

パプリカ

キッチンバサミでヘタから突き刺して切り乱切りまたは手でちぎる。

(トースター) マスタードがパプリカの甘みを引き立てる

パプリカとアスパラのマスタード炒め

調理
8分

材料（1人分）
赤パプリカ…⅛個（約20g）
玉ねぎ…10g
アスパラガス…1本

A
塩、こしょう…各少々
粒マスタード
　…小さじ⅓
乾燥バジル…小さじ½
酢または白ワインビネ
　ガー…小さじ1
サラダ油…小さじ½

作り方
1 玉ねぎはピーラーでスライスする。アスパラガスはキッチンバサミで1cm幅の斜め切りにする。
2 乱切りしたパプリカと1にAをからめ、トースター皿にのせ、トースターで約5分加熱する。

(トースター)

ベーコンの塩けとパプリカの甘みが好バランス

パプリカとベーコンのバター焼き

調理
8分

材料（1人分）
赤パプリカ…¼個（約25g）
ベーコン…½枚（約10g）
冷凍コーン…小さじ1
バター（チューブ）…6cm
しょうゆ…小さじ⅓

作り方
1 ベーコンはキッチンバサミで7mm幅に切る。
2 乱切りにしたパプリカと1とコーンにバターをからめ、トースター皿にのせ、トースターで約5分加熱する。
3 しょうゆを加えて混ぜ、トースターでさらに約1分加熱する。

(レンジ) チーズとめんつゆが絶妙に合う！

パプリカのチーズあえ

調理
5分

材料（1人分）
赤パプリカ…¼個（約25g）
冷凍枝豆…3さや
ベビーチーズまたはクリー
　ムチーズ…1個（約15g）
めんつゆ（2倍濃縮）
　…小さじ1
かつお節…0.5g

作り方
1 枝豆は水で洗って解凍しさやから出す。
2 チーズをキッチンバサミで3〜4等分に切って、耐熱皿に入れてめんつゆをかけ、レンジで約1分加熱する。
3 小さめの乱切りにしたパプリカと1と2を混ぜ合わせ、レンジで約1分加熱する。
4 かつお節を加えてあえる。

(トースター) こんがり焼けた粉チーズが香ばしい！

パプリカのごまチーズ焼き

調理
9分

材料（1人分）
赤パプリカ…¼個（約25g）
サラダ油…小さじ1

A
めんつゆ（2倍濃縮）、
すりごま、粉チーズ
　…各小さじ1

作り方
1 一口大にちぎったパプリカにサラダ油をかける。
2 トースター皿にのせ、トースターで約6分加熱する。
3 Aを加えて混ぜる。トースターでさらに約1分焼き、混ぜ合わせる。

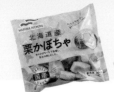

かぼちゃ

レンジで加熱する。またはトースターで焼く。

レンジ トースター ほっくり、ねっとり、甘じょっぱい！

かぼちゃのチーズ焼き

調理
6分

材料（1人分）

A｜冷凍かぼちゃ…1切れ（約25g）
　｜牛乳…大さじ½
　｜バター（チューブ）…6cm
　｜塩、こしょう…各少々
玉ねぎ…10g
ベーコン…½枚（約10g）
ピザ用チーズ…小さじ2

作り方

1 玉ねぎはピーラーでスライスする。ベーコンは手で一口大にちぎる。
2 耐熱皿に1とAを入れて混ぜ、レンジで約1分加熱する。
3 2をフォークでつぶしてかき混ぜ、トースター皿に広げて、チーズをかけてトースターで約3分加熱する。

調理
9分

レンジ トースター くるみとかぼちゃの甘〜いおかず

かぼちゃのバター焼き

材料（1人分）

冷凍かぼちゃ
　…2切れ（約50g）
砂糖…ひとつまみ
A｜バター（チューブ）…6cm
　｜はちみつ…小さじ½
くるみ…2個（約10g）
シナモンパウダー…お好みで

作り方

1 耐熱皿にかぼちゃを入れて砂糖を振り、レンジで約30秒加熱する。
2 1をキッチンバサミで一口大に切り、Aを加えて混ぜ、トースターで約7分加熱する。
3 くるみを手で粗く割り、2にかけてトースターで約1分加熱する。
4 器に盛り、お好みでシナモンパウダーを振る。

レンジ トースター かぼちゃにカレー味が意外に合う！

かぼちゃのサブジ風

材料（1人分）

冷凍かぼちゃ…2切れ（約50g）
砂糖…ひとつまみ
A｜乾燥バジル…小さじ⅓
　｜ガーリックパウダー…少々
　｜カレー粉…小さじ½
　｜ケチャップ、オリーブオイル
　｜…各小さじ1

作り方

1 耐熱皿にかぼちゃを入れて砂糖を振り、レンジで約30秒加熱する。
2 かぼちゃをキッチンバサミで一口大に切り、Aを加えて混ぜ、トースターで7分加熱する。

調理
9分

調理
5分

レンジ しいたけの旨味が効いた高級料亭風な一品

かぼちゃとしいたけの煮物

材料（1人分）

冷凍かぼちゃ
　…2切れ（約50g）
しいたけ…1個
A｜砂糖…小さじ½
　｜みりん、しょうゆ、
　｜水…各小さじ1
　｜かつお節…1g

作り方

1 しいたけの軸は手で裂く。カサはキッチンバサミで5mm幅に切る。
2 耐熱皿にかぼちゃを入れて砂糖ひとつまみ（分量外）を振り、レンジで約30秒加熱する。
3 2をキッチンバサミで一口大に切り、皿の端にかぼちゃを寄せ、空いたスペースでAを混ぜ合わせる。
4 3に1を加えて全体をよく混ぜ、レンジで約1分加熱する。

 にんじん　にんじんはピーラーでスライスする。

レンジ　お酢でサッパリ、ごまでコク出し
にんじんのごま酢ナムル風

調理 4分

材料（1人分）
にんじん…10g
冷凍コーン…大さじ1（10g）
A｜白すりごま…小さじ2
　｜にんにく（チューブ）…1cm
　｜鶏がらスープの素、砂糖…各少々
　｜酢…小さじ1
　｜ごま油…小さじ½

作り方
1 ピーラーでスライスしたにんじんとコーンを耐熱皿に入れ、レンジで約1分加熱する。
2 キッチンペーパーで水けを拭き取り、Aを加えてあえる。

調理 3分

レンジ　バターの香りが漂う鮮やかな副菜
にんじんのグラッセ

材料（1人分）
にんじん…10g
冷凍コーン…大さじ1
バター（チューブ）…6cm
コンソメ顆粒、砂糖…各小さじ⅓
水…小さじ1

作り方
ピーラーでスライスしたにんじんと、材料すべてを耐熱皿に入れ、レンジで約1分30秒加熱する。

トースター　カレー粉で風味アップ！
にんじんとちくわのカレー炒め

調理 9分

材料（1人分）
にんじん…20g
玉ねぎ…5g
ちくわ…½本
A｜乾燥バジル、カレー粉…各小さじ⅓
　｜ガーリックパウダー、こしょう…各少々
　｜オリーブオイルまたはサラダ油…小さじ½

作り方
1 玉ねぎはピーラーでスライスし、ちくわはキッチンバサミで輪切りにする。
2 1にピーラーでスライスしたにんじんとAを加えて混ぜる。時々混ぜながら、トースターで約7分加熱する。

レンジ　豆板醤の辛味にマヨのまろやかさをプラス
にんじんと切り干し大根のチリマヨあえ

調理 5分

材料（1人分）
にんじん…15g
切り干し大根…大さじ2（約4g）
A｜豆板醤…小さじ⅓
　｜マヨネーズ…小さじ1
　｜酢…小さじ½
　｜砂糖…小さじ¼
水…300ml

作り方
1 切り干し大根は洗ってキッチンバサミで1cmの長さに切る。
2 耐熱皿に1とピーラーでスライスしたにんじん、水を加えレンジで約2分加熱する。
3 ザルに上げてキッチンペーパーで水けを拭き取り、Aを加えてあえる。

P.27
のり玉子

P.62
サケの洋風
南蛮漬け

色味が優しいおかずの取り合わ
せのときは、しその葉や黒米が
大活躍。のり玉子の断面を見せ
て黄身の鮮やかさをアクセント
に。弁当箱／漆琳堂×BEAMS
JAPAN／別注 長手角 弁当箱

P.90
ごぼうのピリ辛焼き

P.63
サケとじゃがいものバターチーズ焼き

P.80
かぼちゃの
サブジ風

P.74
ピーマンの塩昆布あえ

あっさりしがちなサケも乳製品でコク出しし
てボリュームアップ。かぼちゃやピーマンと
いったパンチのある副菜が脇を固めるのも◎。
弁当箱／倉敷意匠計画室 ほうろう お弁当箱

P.81
にんじんのグラッセ

P.76
ほうれん草の
ベーコンチーズあえ

脂ののったぶり×濃いめのみそ
味のメインは、丼風に仕立てて
もおいしくいただける。定番食
材だけが使われていて老若男女
に支持される組み合わせ。弁当
箱／たま木工 お弁当箱 まる

P.68
ぶりの酢みそ焼き

玉子で巻くだけでサマになる

（フライパン） 甘さと辛さの絶妙バランスがバリ風！

ナシゴレンの玉子巻き

材料（1人分）
冷凍えび…4尾〈はらわたが処理されたもの〉
玉ねぎ…10g
赤パプリカ…25g
サラダ油…小さじ½
鶏ひき肉…60g
A｜しょうが、にんにく
　｜（チューブ）…各1cm
　｜こしょう…少々
B｜豆板醤…小さじ½
　｜鶏がらスープの素…少々
　｜酢…小さじ1
　｜オイスターソース、
　｜ケチャップ…各大さじ½
ごはん…150g（1膳）
レモン汁…お好みで
〈薄焼き玉子用〉
C｜卵…1個
　｜牛乳…小さじ1
　｜砂糖…少々

作り方（具）
1 冷凍えびは水で洗っておき、キッチンペーパーで水けを取る。玉ねぎはピーラーでスライスし、パプリカはキッチンバサミで小さめの乱切りにする。
2 フライパンにサラダ油を熱し、ひき肉を入れて約2分焼く。
3 Aを加え、肉に火が通ったらフライパンの余分な油をキッチンペーパーで拭き取る。
4 1を加えて約1分炒める。
5 フライパンの空いているスペースにBを入れ、約30秒炒める。
6 ごはんを入れて、全体を混ぜながら約2分炒める。火を止めてレモン汁を加える。

作り方（薄焼き玉子）（P20-21参照）
1 20cmのフライパンにフライパン用ホイルを敷いて熱し、混ぜ合わせたCを流し込む。フライパンを回しながら火の通りが均一になるように薄く、約6分焼く。
2 卵液の周りが固まったら、火を止め、フタをして約2分蒸らす。

作り方（玉子で巻く）（P21参照）
1 お弁当箱に薄焼き玉子からはずしたアルミホイルを敷き詰め、その上に焼いた面を上にして薄焼き玉子を敷き、具を詰める。
2 ホイルを取り出しお弁当箱をかぶせるようにし、逆さにしてお弁当箱に移す。アルミホイルを開くと完成。スプーンなどで形を整える。

（具）調理 10分　（薄焼き玉子）調理 8分

（レンジ）（フライパン） お肉も野菜もしっかりゴロゴロソース味

とんぺい焼き

材料（1人分）
キャベツ…1枚（35g）
豚細切れ肉…70g
片栗粉、酒…各小さじ1
こしょう…少々
サラダ油…小さじ½
塩…少々
A｜中濃ソース、ケチャップ
　｜…各大さじ½
　｜ハチミツ…小さじ½
青のり、かつお節、
　マヨネーズ…お好みで
〈薄焼き玉子用〉
｜卵…1個
｜牛乳…小さじ1
｜砂糖…少々

作り方
1 キャベツの葉は手でちぎり、芯はキッチンバサミで斜め切りにする。耐熱皿に入れてレンジで約1分加熱する。キッチンペーパーで水けを拭き取る。
2 豚肉に酒、こしょうを振って混ぜ、片栗粉を加えてさらに混ぜる。
3 フライパンにサラダ油を熱し、2を入れて約1分30秒焼く。
4 1と塩を加え炒める。
5 Aを耐熱皿に入れて混ぜ、レンジで約30秒加熱し、ソースを作る。
6 4を薄焼き玉子で包んで、（上のナシゴレンの玉子巻き参照）5、青のり、かつお節、マヨネーズをかける。

（具）調理 8分　（薄焼き玉子）調理 8分

ちょっとしたおかずや混ぜごはんも、薄焼き玉子を巻くだけで格上げ！
具も薄焼き玉子もフライパンでカンタンに作れます。具をレンジで同時調理する方法はP20参照

(フライパン) 甘めのミートソース味は子どもも大人も大好き

かんたんボロネーゼの玉子巻き

材料（1人分）
にんじん…5g
玉ねぎ…20g
サラダ油…小さじ½
合いびき肉…90g
A　塩、こしょう…各少々
　　にんにく（チューブ）…1cm
　　ナツメグ…お好みで
ミニトマト…2個
B　中濃ソース、ケチャップ
　　…各小さじ½
粉チーズ…お好みで
〈薄焼き玉子用〉
　卵…1個
　牛乳…小さじ1
　砂糖…少々

作り方
1 にんじんと玉ねぎはピーラーでスライスする。
2 フライパンにサラダ油を熱し、ひき肉を広げて約2分焼く。
3 Aを加え、炒める。
4 肉全体に火が通ったら、フライパンの余分な油をキッチンペーパーで拭き取り、1とミニトマトを加え、ミニトマトをつぶしながら炒める。
5 Bを加え、さらに約2分炒め、仕上げにお好みで粉チーズを振る。
6 5を薄焼き玉子で包む。（P84のナシゴレンの玉子巻き参照）

(フライパン) 濃厚ごはんを玉子がマイルドに包み込む

肉みそごはんの
玉子巻き

材料（1人分）
長ねぎ…3cm
サラダ油…小さじ½
豆板醤、砂糖…各小さじ½
豚ひき肉…80g
A　みそ、しょうゆ
　　…各小さじ½
　　オイスターソース
　　…小さじ¼
ごはん…120g（⅚膳）
みりん…小さじ1
糸唐辛子…お好みで
〈薄焼き玉子用〉
　卵…1個
　牛乳…小さじ1
　砂糖…少々

作り方
1 長ねぎはキッチンバサミで縦に十字に切り込みを入れ、小口切りにしてみじん切り状にする。
2 フライパンにサラダ油を熱し、1と豆板醤を香りが出るまで炒める。
3 ひき肉を加え、肉を薄く広げて約2分焼く。
4 フライパンの余分な油をキッチンペーパーで拭き取り、砂糖を加え、約1分炒める。
5 フライパンの空いたスペースでAを軽く炒め、全体を混ぜながら約2分炒める。
6 みりんとごはんを加え、全体を混ぜながら1分炒める。
7 6を薄焼き玉子で包む。（P84のナシゴレンの玉子巻き参照）お好みで糸唐辛子をかざる。

玉子のおかずもっといろいろ

レンジ

バジル香るずっしり食感！　野菜たっぷりカラフルオムレツ

スパニッシュオムレツ

材料（1人分）
玉ねぎ…5g
ミニトマト…1個
アスパラガス
　…1本（約15g）
マッシュルーム
　…2個（約30g）
バター（チューブ）…6cm
溶き卵…1個分
A｜粉チーズ…小さじ1
　｜塩…少々
　｜乾燥バジル…小さじ⅓

作り方
1 玉ねぎはピーラーでスライスする。ミニトマトはキッチンバサミで十字に切り込みを入れる。アスパラガスはキッチンバサミで3cm幅の斜め切りにする。マッシュルームの軸は手でほぐし、カサは1cm角ほどの大きさに手でちぎる。
2 耐熱皿にバターと1を入れてレンジで約1分加熱する。
3 2に卵とAを加えて混ぜ合わせ、レンジで約1分30秒加熱する。

調理
5分

レンジ

しいたけゴロゴロ中華風オムレツ

小松菜としいたけの玉子とじ

材料（1人分）
小松菜…1株（約40g）
しいたけ…1個
溶き卵…1個分
A｜鶏がらスープの素
　｜　…少々
　｜ごま油…小さじ½
　｜にんにく（チューブ）
　｜　…1cm

作り方
1 小松菜はキッチンバサミで2等分に切り、耐熱皿に入れてレンジで約1分加熱する。冷水に取って、水けをしぼって2cm幅に切る。
2 しいたけの軸は手で裂く。カサはキッチンバサミで5mm幅に切る。
3 耐熱皿に1と2と卵とAを混ぜ合わせ、レンジで約1分30秒加熱する。

調理
5分

玉子にたっぷりの野菜や乾物を入れるのがおすすめ！
レンジやトースターでメインのおかずを作る合間に作ります。

調理
3分

レンジ

たっぷりみつ葉と桜えびで玉子おかずをグレードアップ

みつ葉の玉子とじ

材料（1人分）
みつ葉…7本（約4g）
しいたけ…1個
溶き卵…1個分
A 乾燥桜えび…小さじ1（1g）
　白だし…小さじ⅓
　ごま油…小さじ½

作り方
1 みつ葉は、キッチンバサミで5cm
幅に切る。しいたけの軸は手で裂
く。カサはキッチンバサミで5mm
幅に切る。
2 耐熱皿に卵と1とAを入れて、レ
ンジで約1分加熱する。

トースター　　レンジ

レンジとトースターのW使いでチーズ香るお手軽キッシュ

てぬキッシュ

調理
10分

材料（1人分）
冷凍ほうれん草…15g
A 溶き卵…1個分
　ピザ用チーズ…少々
　バター（チューブ）…6cm
　粉チーズ…小さじ1

作り方
1 耐熱皿にほうれん草を入れてレン
ジで約30秒加熱する。
2 Aを加えてよく混ぜ、トースター
皿にクッキングシートを敷いて生
地を流し込み（シートはお皿から
はみ出ないように）、トースター
で約7分加熱する。

トースター

バジルのきいた簡単玉子

トースター玉子

材料（1人分）
卵…1個
乾燥バジル、塩
　…各少々
サラダ油…小さじ⅓

作り方
1 9号アルミカップにサラダ油を塗って、
卵を割り入れ、バジルと塩をかける。
白身はキッチンバサミで6か所ほど切
り込みを入れ、黄身はキッチンバサミ
の先で3か所ほど刺す（爆発防止）。
※アルミカップは高さを低くして底面
を広げる（扁平な形にする）。
2 トースターで約9分加熱する。

調理
10分

こんにゃく

板こんにゃくは、手で一口大にちぎる。
またはハサミで切る。しらたきは、
キッチンバサミで5cmの長さに切る。

レンジ オイスターソースとレモンでエスニックな味

エスニックしらたきサラダ

調理 **6**分

材料（1人分）
しらたき（アク抜き済み）…50g
玉ねぎ…10g
きゅうり…10g
冷凍えび…3尾（約25g）
〈はらわたが処理された
もの〉
酒…小さじ1

A オイスターソース
…小さじ¼
にんにく
（チューブ）…5mm
しょうゆ…小さじ½
B レモン汁、ごま油
…各小さじ½

作り方
1 玉ねぎときゅうりはピーラーでスライスする。
2 切ったしらたき、1とえびを耐熱皿に入れて酒を振り、レンジで約1分30秒加熱する。ザルにあけて、再び耐熱皿に戻す。水けをキッチンペーパーで拭き取る。
3 Aを加えて、レンジで約1分加熱する。
4 Bを加えてあえる。

調理 **9**分

レンジ **トースター** 青のりが香ばしいピリ辛味

こんにゃくの青のり焼き

材料（1人分）
こんにゃく（アク抜き済み）
…60g
酒…小さじ1
A オリーブオイル…小さじ1
ガーリックパウダー、鷹の爪、
青のり、塩…各少々
しょうゆ…小さじ½

作り方
1 ちぎったこんにゃくを耐熱皿に入れて、酒を振り、レンジで約1分加熱する。
2 キッチンペーパーで水けを拭き取り、Aを混ぜ、トースターで約5分加熱する。
3 しょうゆを加えて混ぜ、トースターでさらに約2分加熱する。

レンジ 昔ながらの和食材だけを使ったどこか懐かしい味わい

こんにゃくの土手煮風

調理 **9**分

材料（1人分）
こんにゃく（アク抜き済み）…60g
切り干し大根…大さじ1（約2g）
水…300㎖
A みそ、砂糖…各小さじ½
しょうが（チューブ）…1cm
七味唐辛子…少々
酒…小さじ1

作り方
1 切り干し大根はキッチンバサミで1cmの長さに切る。
2 耐熱皿にちぎったこんにゃくと1と水を入れ、レンジで約2分加熱する。
3 ザルにあけて、キッチンペーパーで水けを拭き取り、再び耐熱皿に戻す。Aを加えて混ぜ、レンジで約2分加熱する。
4 混ぜてからさらにレンジで約1分加熱する。

レンジ ごまがからんで満足度が高いヘルシーおかず

しらたきバンバンジー

材料（1人分）
しらたき（アク抜き済み）…40g
きゅうり…10g
酒…小さじ1
A 梅、しょうが（チューブ）…各1cm
すりごま…小さじ1
しょうゆ、ごま油…各小さじ½

作り方
1 きゅうりはピーラーでスライスする。
2 耐熱皿に切ったしらたきを入れ、酒を振り、1を加えて、レンジで約2分加熱する。
3 ザルにあけて、キッチンペーパーで水けを拭き取り、Aを加えて混ぜる。

調理 **4**分

わかめ・ひじき

耐熱皿にひたひたの水に入れ、レンジで約3分加熱する。ザルにあけて、キッチンペーパーで水けを拭き取る。

レンジ 和食材とサウザン味のコラボが斬新美味！

わかめと切り干し大根のサウザンサラダ

材料（1人分）
乾燥わかめ…1g
切り干し大根…大さじ2（約4g）
水…300ml
A｜にんにく（チューブ）…1cm
　｜レモン汁…小さじ⅓
　｜ケチャップ、マヨネーズ…各小さじ1
　｜砂糖…少々

作り方
1 切り干し大根はキッチンバサミで1cm幅に切る。
2 耐熱皿に1とわかめ、水を入れ、レンジで約3分加熱する。
3 ザルにあけて、キッチンペーパーで水けを拭き取り、Aを加えて混ぜる。

調理 5分

調理 7分

レンジ 疲れたときに食べたい酸っぱ辛いメキシコ風サラダ

ひじきのサルサ風

材料（1人分）
乾燥ひじき、押し麦…各小さじ1
玉ねぎ…20g
水…300ml
A｜チリパウダー、砂糖…各少々
　｜にんにく（チューブ）…5mm
　｜レモン汁…小さじ⅓
　｜酢…小さじ1
　｜オリーブオイル…小さじ½

作り方
1 玉ねぎはピーラーでスライスする。
2 耐熱皿にひじきと押し麦と水を入れ、レンジで約3分加熱する。
3 ザルにあけて、水で洗い、水けを取る。玉ねぎを加えて、レンジで約1分加熱する。
4 キッチンペーパーで水けを拭き取り、Aを加えて混ぜる。

レンジ ひじきの食感が楽しい！和風ポテサラ

赤しそポテサラ

調理 7分

材料（1人分）
乾燥ひじき…小さじ1（約1g）
じゃがいも…小1個（約50g）
しその葉…2枚
水…300ml
A｜赤しそふりかけ…小さじ½
　｜マヨネーズ、酢…各小さじ1

作り方
1 耐熱皿にひじきと水を入れ、レンジで約3分加熱する。ザルにあけて水で洗い、水けを拭き取る。
2 じゃがいもはキッチンペーパーに包み、水（分量外）で濡らして耐熱ボウルに入れ、レンジで約3分加熱する。
3 2をフォークなどでつぶし、あたたかいうちにAと1を加えて混ぜ、しその葉をちぎってあえる。

レンジ 定番のあのおかずも電子レンジだけで！

ひじきの煮物

材料（1人分）
乾燥ひじき…小さじ2
にんじん…10g
冷凍枝豆…3さや
水…300ml
A｜カット干ししいたけ…2切れ
　｜しょうゆ、みりん…各小さじ1
　｜砂糖…小さじ½

作り方
1 にんじんはピーラーでスライスする。冷凍枝豆は水で洗って解凍しさやから出す。
2 耐熱皿に1とひじき、水を入れ、レンジで約3分加熱する。
3 ザルにあけて、水で洗い、水けをキッチンペーパーで拭き取る。
4 3を耐熱皿に戻し、Aを加えて混ぜる。レンジで約1分加熱する。

調理 6分

ごぼう

冷凍ごぼうは、電子レンジで加熱、
またはトースターで加熱する。

レンジ 和風弁当にも洋風弁当にもマッチするおかず

ごぼうサラダ

調理 3分

材料（1人分）
冷凍ごぼう…30g
冷凍枝豆…3さや
冷凍コーン…大さじ1（約10g）
A　白すりごま…小さじ1
　　マヨネーズ…大さじ½
　　めんつゆ（2倍濃縮）…小さじ½
　　からし、砂糖…各少々

作り方
1 冷凍枝豆は水で洗って解凍し、さやから出す。
2 1と冷凍ごぼう、冷凍コーンを耐熱皿に入れてレンジで約1分30秒加熱する。
3 キッチンペーパーで水けを拭き取り、Aを加えてあえる。

調理 9分

トースター

ごぼうの大地の香りとバターが意外に合う！

ごぼうのバター焼き

材料（1人分）
冷凍ごぼう…30g
バター（チューブ）…6cm
A　柚子こしょう（チューブ）…1cm
　　しょうゆ…小さじ⅓

作り方
1 冷凍ごぼうとバターを混ぜてトースターで6分加熱する。
2 Aを加えて混ぜ、トースターでさらに1分加熱する。

レンジ

あと1品欲しいときに！　保存食だけで作る副菜

ごぼうの赤しそ風味

調理 3分

材料（1人分）
冷凍ごぼう…30g
A　赤しそふりかけ…小さじ⅓
　　酢…小さじ1
　　砂糖…少々

作り方
1 耐熱皿に冷凍ごぼうを入れてレンジで約1分加熱する。
2 キッチンペーパーで水けを拭き取り、Aを加えてあえる。

調理 9分

トースター

辛党の人におすすめ！　パンチある一品

ごぼうのピリ辛焼き

材料（1人分）
冷凍ごぼう…35g
サラダ油…小さじ⅓
A　豆板醤（トウバンジャン）…小さじ⅓
　　マヨネーズ…小さじ½
　　しょうが（チューブ）…1cm

作り方
1 トースター皿に冷凍ごぼうを入れ、サラダ油をかけて混ぜる。トースターで6分加熱する。
2 Aを加えて混ぜ、さらに1分加熱する。

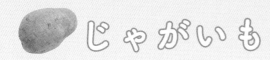 じゃがいも

直径6cm程度の小さいものを使う。加熱の際はキッチンペーパーで包んで水で濡らすこと。レンジで加熱してからハサミで切る、またはフォークでつぶす。

レンジ **トースター** 定番の組み合わせにチーズマヨ味をプラスして

じゃがマヨコーン

調理 **7** 分

材料（1人分）
じゃがいも
　…小1個（約50g）
冷凍コーン
　…大さじ1（約10g）
A｜塩…少々
　｜マヨネーズ…小さじ1
ピザ用チーズ…小さじ1

作り方
1 じゃがいもはキッチンペーパーで包んで水（分量外）で濡らして耐熱皿に入れ、レンジで約2分加熱する。
2 コーンを加えて、レンジでさらに約1分加熱する。
3 2のじゃがいもをキッチンバサミで切り、コーンとともにトースター皿に並べる。
4 混ぜ合わせたAをかけ、チーズをのせてトースターで約3分加熱する。

調理 **9** 分

レンジ **トースター** シンプルにじゃがいものおいしさを楽しむ

揚げないポテト

材料（1人分）
じゃがいも
　…小1個（約50g）
A｜ハーブソルト…小さじ⅓
　｜（または塩少々）
　｜オリーブオイル…小さじ1

作り方
1 じゃがいもはキッチンペーパーで包んで水（分量外）で濡らして耐熱皿に入れ、レンジで約2分加熱する。
2 1のじゃがいもをキッチンバサミで切り、トースター皿に並べる。
3 Aをまぶして、トースターで約4分加熱する。

レンジ **トースター** 味濃いめ！ ちょいジャンキーな、やみつきポテト

ジャーマンポテト

材料（1人分）
じゃがいも
　…小1個（約50g）
ベーコン…½枚（約10g）
A｜乾燥バジル…小さじ½
　｜カレー粉…小さじ¼
　｜ケチャップ、マヨネーズ
　｜　…各小さじ1

作り方
1 じゃがいもはキッチンペーパーで包んで水（分量外）で濡らして耐熱皿に入れ、レンジで約2分加熱する。
2 1のじゃがいもをキッチンバサミで切り、トースター皿に並べる。
3 手でちぎったベーコンとAを加えて混ぜ、トースターで約5分加熱する。

調理 **9** 分

レンジ

カニカマとポテトは合う！

カニカマポテサラ

材料（1人分）
じゃがいも
　…小1個（約50g）
カニカマ…2切れ（約20g）
A｜マヨネーズ…小さじ2
　｜砂糖…少々

作り方
1 じゃがいもはキッチンペーパーで包んで水（分量外）で濡らして耐熱皿に入れ、レンジで約3分加熱する。
2 1のじゃがいもをフォークなどでつぶし、手で裂いたカニカマとAを加えて混ぜる。

調理 **5** 分

P.90
ごぼうのバター焼き

P.78
キャベツとにんじんの浅漬風

とんぺい焼きのような場所を取る主菜の時は、細切り野菜などすき間に入れやすい形状の副菜をセレクトすると、きれいに詰められて時短に！　弁当箱／セリア

P.84
とんぺい焼き

P.76
ツナとほうれん草の塩昆布あえ

子どもや男性の支持が高い焼肉
弁当。牛切り落とし肉を使えば
ボリューム満点。野菜やわかめ、
切り干し大根などヘルシー素材
でフォローして。弁当箱／たま
木工 お弁当箱 くりもの

P.89
わかめと切り干し大根のサウザンサラダ

P.54
かんたん焼肉風

P.91
じゃがマヨコーン

カレー風味のメインに、タイ風
サラダのエスニックな副菜。王
道のじゃがマヨコーンで、抜け
感を出して。弁当箱／岩崎工業
ネオイズム ランチボックス3号

P.69
めかじきのカレー炒め

P.88
エスニックしらたきサラダ

おわりに（ ´・ω・｀)ノ

この本を手にとっていただいてありがとうございます。

この本では10分でできるお弁当を紹介していますが、以前はもっと手の込んだお弁当を作っていました。おかずは6種類くらい。月曜の朝にまとめて作り置きし、翌日からはそれを詰めていくというスタイルでした。一度作ってしまえば、あとは詰めるだけでお弁当が完成するのでラクです。私自身、そのやり方でよいと思っていました。

そんな中、視聴者さんから「簡単に作れる料理を教えてほしい」といった声が届き、最初は「時短調理の料理ってどうなんだろう？」と思ったのですが、試しにやってみたらおいしかったのです。日が経つとどうしても味が落ちてしまう。品数の多い作り置きよりも、手抜きでも出来たてのほうがおいしかったのです。

調理器具や調味料をうまく使えば、短時間で、特別なスキルがなくても料理はできる。それまでの私は、調理を簡潔にする工夫を考えていませんでした。

もちろん時間をかけて全力で作ったお弁当の方が、見た目も味も良いものができると思います。でも誰もがみんなそんな立派なお弁当を作る必要はないと思うのです。人によって、得意不得意もある。かけられる時間も異なる。

できる範囲で自炊する力をつけて、自分が食べているものに興味関心を持つこと、自分の体と向き合うことは、とても大切なことだと思うのです。本書を参考に、ゆるく頑張ることで調理習慣を持つようになっていただけたら、これ以上うれしいことはありません。

＼ Channel
Akarispmt's Kitchen ／

ほいさっさ〜

STAFF

撮影／佐藤 朗（フェリカスピコ）
ブックデザイン／岡 睦、更科絵美（mocha design）
編集協力／磯部麻衣
調理協力／三好弥生
イラスト／鈴木早紀
校正／麦秋アートセンター
企画編集／鈴木聡子

※本書で使用しているアイテムは著者私物であり、
現在入手できない場合があります。

Akarispmt's Kitchen
（アカリスムキッチン）

薬局で薬剤師として働く傍ら、普段のお弁当をYouTubeにて配信している。すでに200以上ものレシピを更新中。まな板や包丁を使わず、キッチンバサミやピーラーを使い、狭いキッチンで限られた道具でも10分ででき、しかもバランスの取れたおいしいお弁当に注目が集まり、チャンネル登録者は20万人超。

ほうちょう　いた
包丁もまな板もいらない

ぶんべんとう
10分弁当

2021年3月10日　初版発行
2023年3月25日　4版発行

著者／Akarispmt's Kitchen
　　　あかりすむきっちん

発行者／山下直久
発　　行／株式会社KADOKAWA
　　　　　〒102-8177　東京都千代田区富士見2-13-3
　　　　　電話 0570-002-301（ナビダイヤル）
印刷所／凸版印刷株式会社

●お問い合わせ https://www.kadokawa.co.jp/（「お問い合わせ」へお進みください）
※内容によっては、お答えできない場合があります。
※サポートは日本国内のみとさせていただきます。
※ Japanese text only

定価はカバーに表示してあります。